# CHOIX

DE

# CAPITULAIRES

## CAROLINGIENS

(réimprimés d'après l'édition et avec les notes
de M. A. Boretius,
avec l'autorisation des éditeurs des *Monumenta Germaniae*),

### A L'USAGE DES CANDIDATS

A L'AGRÉGATION D'HISTOIRE

(Programme officiel de 1887-1888).

---

PARIS
ALPHONSE PICARD, ÉDITEUR
*Libraire des Archives nationales et de la Société de l'École des Chartes*
82, RUE BONAPARTE, 82
1887

# CHOIX

DE

# CAPITULAIRES

## CAROLINGIENS

(réimprimés d'après l'édition et avec les notes
de M. A. Boretius,
avec l'autorisation des éditeurs des *Monumenta Germaniae*),

### A L'USAGE DES CANDIDATS

A L'AGRÉGATION D'HISTOIRE

(Programme officiel de 1887-1888).

---

PARIS
ALPHONSE PICARD, ÉDITEUR
*Libraire des Archives nationales et de la Société de l'École des Chartes*
82, RUE BONAPARTE, 82
1887

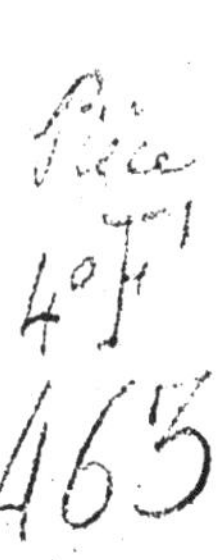

MACON, TYP. ET LITH. PROTAT FRÈRES

# 25. CAPITULARE MISSORUM.

792 vel 786.

*Extant capitula in unico codice Parisiensi 4613. fol. 68. numeris LVIII—LXI numerata et proxime subiuncta capitulari cum Italiae episcopis intra annos 790 et 800 deliberato (infra C. 95.), quocum parum recte in editionibus anterioribus commixta sunt. Quo anno data sint non omnino liquet: conturbium enim capite primo commemoratum tam de Thuringorum seditione anno 786 commota quam de Pippini Karoli regis filii ex concubina Himiltrude geniti coniuratione anno 792 facta, de qua conferre iuvat documentum quoddam Karoli ao. 797, die 31. Martii datum, (Bouquet, recueil V. p. 758) intellegi licet. Anno sane 792 capitula tribuenda videntur spectanti locum, quo ipsa in capitulorum serie chronologice ut videtur digestorum inveniuntur in codice Parisiensi. Mere italica haec capita esse non affirmaverim, etiamsi codex capitularis exemplar quoddam missis in* I t a l i a m *ablegatis datum servasse videtur; nam capita omnia in Parisiensi codice scripta in Italia vigorem habuisse non dubium est. Karoli, non Pippini Italiae regis nomine haec capitula missis tradita fuisse credendum est. Inscriptio et caput 1 unum capitulum efficiunt in codice; item capita 2.3.4. uno capite in codice coniuncta leguntur. Codex Parisiensis cum textum admodum corruptum semper praebeat, hoc quoque capitulare intellectu interdum difficile est.* (*B. I*, 540. c. 35; *P. I*, 51. c. 6.)

## De singulis capitulis quibus domnus rex missis suis praecepit, quomodo illa[a] sacramenta debeant audire et facere.

Quam ob rem istam sacramenta sunt necessaria, per ordine ex antiqua consuetudine explicare faciant[b], et quia modo isti infideles homines magnum conturbium in regnum domni Karoli regi voluerint

a) *ita correxi*, qui nulla *c.*; *cfr. autem cap.* 2. b) faciunt *c*

terminare et in eius vita consiliati sunt et inquisiti dixerunt, quod fidelitatem [1] ei non iurasset.

2. Quomodo illum sacramentum iuratum esse debeat ab episcopis et abbatis sive [c] comitibus vel bassis regalibus necnon vicedomini, archidiaconibus adque canonicis [2].

3. Clerici qui monachorum nomine non pleniter conversare [d] videntur et ubi regula sancti Benedicti secundum ordinem tenent, ipsi in verbum tantum et in veritate promittant [e], de quibus specialiter abbates [f] adducant domno nostro [3].

4. Deinde advocatis et vicariis, centenariis sive fore censiti presbiteri [4] atque cunctas generalitas populi, tam pucrilitate annorum XII quamque de senili, quid ad placita venissent et iussionem adimplere seniorum et conservare possunt, sive pagenses [g], sive episcoporum et abbatissuarum vel comitum homines [h], et reliquorum homines [h], fiscilini quoque et coloni et ecclesiasticis adque servi, qui honorati beneficia et ministeria tenent vel in bassallatico honorati sunt cum domini sui et caballos, arma et scuto et lancea spata et senespasio habere possunt : omnes iurent. Et nomina vel numerum de ipsis qui iuraverunt ipsi missi [i] in brebem secum adportent; et comites similiter de singulis centinis [k] semoti [k], tam de illos qui infra pago nati sunt et [l] pagensales fuerint, quamque et de illis qui aliunde in bassalatico commendati sunt. Et si fuerint aliquis qui per ingenio fugitando de comitatu ad aliud comitatu se propter ipsum sacramentum distulerit aut per superbia iurare noluerint, semoti per brebem renuntiare sciant, et tales aut per fideiussores mittant aut [m] si [m] ipsi fideiussores non habuerint qui in praesentia domni regis illos abducant, sub custodia servent [n]; aut si in illo vicinio habitare voluerint, sicut caeteri iurent. Et si fugitivum quis devenerint [5], domno regi nuntiatum fiant per ipsos missos.

c) sine *c.* d) conservare *c.* e) permittant *c.* f) abbas *c.* g) palenses *c.* h) hominum *c.* i) ipsis missis *c.* k) *ita coniecit Sickel, (cfr. infra :* semoti per brebem), centini esse noti *c.* l) et *om. c.* m) *ita correxi*; et *om. si, c.* n) servetur *c.*

1) *Cfr. Legationis edictum* 789 *c.* 18. 2) *Quomodo sacramentum a proceribus hic dictis praestandum sit, non edicitur : missi hac de re ab ipso rege verbis instructi fuisse videntur, id quod in multis missorum capitulis intellegendum est.* 3) *De fide a regularibus et monachis promittenda missi abbates specialiter regi referre iubentur.* 4) *Clerici extra (foras) congregationes et monasteria viventes qui distinguuntur a personis capite* 3 *dictis; fortasse legendum est « forenses presbyteri », uti legitur in capitulari Baiuvarico circa a.* 810 *edito cap.* 2. 5) *Si quis fuga evaserit.*

5. Explicare debent ipsi missi, qualiter domni regi dictum est, quod multi se conplangunt legem non habere conservatam, et quia omnino voluntas domni regis est, ut unusquisque homo suam legem pleniter habeat conservata; et si alicui contra legem factum est, non est voluntas nec sua iussio. Verumtamen si comis aut missus vel quislibet homo hoc fecit, fiat annuntiatum domni regi, quia ipse plenissime haec emendare vult. Et per singulos inquirant, quale habeant legem ex nomine [o]. Et nullatenus sine comite de ipso pago istam legationem perficiant, excepto si ille comis in alia utilitate domni regis non fuerit aut aliqua infirmitates eum non detenuerit [quod [p] ibi esset, non habeat].

6 [q]. *Ut parata servitia* habeant ipsi missi una cum *comitibus qui in eorum* ministeriis fuerint, ut omnes *generaliter h*oc anno veniant hostiliter in solatio *domni regis* sicut sua fuerit iussio, et pacem in tran*situ custodia*nt infra patria; qui per epistolas suas de *voluntate sua il*lis significare vult, quando vel ubi *debeant in*ter se coniungi.

o) natione *emendat Waitz.* p) *verba sub fine posita vel mutila vel prorsus corrupta videntur.* q) *Folii parte in codice dissecta desunt septem linearum initia; lacunas supplere studuit Pertzius, cuius coniecturas partim satis probabiles litteris obliquis indicavi.*

---

# 33. CAPITULARE MISSORUM GENERALE.

## 802 initio.

*Extat in unico codice Parisiensi* 4613. *fol.* 91., *qui, uti semper, sic in hoc quoque capitulari textum praebet admodum corruptum et intellectu interdum difficilem; caput* 27 *etiam in codice quodam Reatino inter canones receptum est.*

*Primo et secundo capitulo narratur, Karolum imperatorem missos in universum regnum direxisse, qui secundum* cuncta subsequentia *capitula iustitiam reddi curent omnesque liberos duodecim annis maiores fidelitatis sacramentum iam imperatori ut antea regi iurare faciant. Capitibus tertio et sequentibus usque ad nonum huius sacramenti vis et argumentum illustrantur, et deinde* (c. 10—39) *Karoli praecepta sequuntur missis iniuncta, primo (c. 10—24) ecclesiastica, deinde mundana (c. 25—39). Caput ultimum epilogum continet bene congruentem cum capite primo, ut non dubitari possit, quadraginta haec capita unum tantum efficere capitulare, quo aeque atque in Franconofurtensi anno 794 dato partim narratur partim in missorum usum iussa imperatoris constituuntur.*

*Capitulare non multo post Karolum imperatorem coronatum esse editum capite secundo patet; ut anno 802 idem adscribamus, annalibus Laureshamensibus cogi videmur, in quibus ad ipsum annum referuntur haec (Scriptt. I. 38)* : Eo anno demoravit domnus Caesar Carolus apud Aquis palatium quietus cum Francis sine hoste; sed recordatus misericordiae suae de pauperibus qui in regno suo erant et iustitias pleniter abere non poterant, noluit de infra palatio pauperiores vassos suos transmittere ad iusticias faciendum propter munera, sed elegit in regno suo archiepiscopos et reliquos episcopos et abbates cum ducibus et comitibus qui iam opus non abebant super innocentes munera accipere, et ipsos misit per universum regnum suum ut ecclesiis, viduis, orfanis et pauperibus et cuncto populo iustitiam facerent. *Haec enim verba scripta videntur ope capitis nostri primi, quod, cum initium eius sit :* Serenissimus igitur, *fortasse mutilum in codice traditur. Caeterum in annalibus etiam S. Amandi (Scr. I. 14.) ad annum 802 notatur, Karolum statuisse,* ut ei omnes generaliter fidelitatem iurarent.

(*B. I*, 361 ; *P. I*, 91.)

Primum cap. De legatione a domno imperatore directa. Serenissimus igitur et christianissimus domnus imperator Karolus elegit ex optimatibus suis prudentissimis et sapientissimos viros, tam archiepiscopis quam et reliqui episcopis simulque et abbates venerabiles laicosque religiosos, et direxit [a] in universum regnum suum, et per eos cunctis subsequentibus [1] secundum rectam legem vivere concessit. Ubi autem aliter quam recte et iuste in lege aliquit esse constitutum, hoc diligen-

a) dixit *c.*

1) *Cap.* 10—40.

tissimo animo exquirere iussit et sibi innotescere : quod ipse donante Deo meliorare cupit. Et nemo per ingenium suum vel astutiam perscriptam legem, ut multi solent, vel sibi suam iustitiam marrire[2] audeat vel prevaleat, neque ecclesiis Dei neque pauperibus nec viduis nec pupillis nullique homini christiano. Sed omnes omnino secundum Dei praeceptum iusta viverent rationem iusto iudicio, et unusquisque in suo proposito vel professione unianimiter permanere ammonere : canonici[3] vita canonica absque turpis lucris negotio pleniter observassent, sanctemoniales[4] sub diligenti[b] custodia vitam suam custodirent, laici[5] et seculares recte legibus suis uterentur absque fraude maligno, omnem in invicem in caritate et pace perfecte viverent. Et ut ipsi missi diligenter perquirere, ubicumque aliquis homo sibi iniustitiam factam ab aliquo reclamasset, sicut Dei omnipotentis gratiam sibi[c] cupiant custodire et fidelitate sibi promissa conservare; ita ut omnino in omnibus ubicumque, sive in sanctis ecclesiis Dei vel etiam pauperibus, pupillis et viduis adque cuncto populo legem pleniter adque iustitia exhiberent secundum voluntatem et timorem Dei. Et si tale aliquit esset quod ipsi per se cum comitibus provincialibus emendare et ad iustitiam reducere nequivissent, hoc absque ulla ambiguitate cum brebitariis suis ad suum referent[d] iudicium; et per nullius hominis adulationem vel praemium, nullius quoque[e] consanguinitatis[e] defensione vel timore potentum rectam iustitia via inpediretur ab aliquo.

2. De fidelitate promittenda domno imperatori. Precepitque, ut omni homo in toto regno suo, sive ecclesiasticus sive laicus, unusquisque secundum votum et propositum suum, qui antea fidelitate sibi regis nomine promisissent[6], nunc ipsum promissum nominis[f] cesaris faciat; et hii qui adhuc ipsum promissum non perficerunt omnes usque ad duodecimo aetatis annum similiter facerent. Et ut omnes traderetur publice, qualiter unusquisque intellegere posset, quam[g] magna in isto sacramento et quam multa conprehensa sunt, non, ut multi usque nunc extimaverunt, tantum fidelitate domno imperatori usque in vita ipsius,

b) diligentia *c.* c) ubi *c.* d) reserent *c.* e) queque consanguinitas *c.*; *cfr. infra c.* 7. f) [illegible]ais *c.* g) *deest in c.*

2) *impedire, perturbare*; *italice* smarrire. *Item infra c.* 8. 9. 3) *Cfr. praesertim c.* 10—17.19.21—24. 4) *Cfr. c.* 18.20. 5) *Cfr. c.* 25 *et seq.* 6) *Cfr. capitulare missorum* 786 *vel* 792 (supra C. 25) *c.* 2—4.

et ne aliquem inimicum in suum regnum causa inimicitiae inducat, et ne alicui infidelitate illius consentiant aut retaciat, sed ut sciant omnes istam [h] in se rationem [h] hoc sacramentum habere.

3. Primum, ut unusquisque et persona propria se in sancto Dei servitio secundum Dei preceptum et secundum sponsionem suam pleniter conservare studeat secundum intellectum et vires suas, quia ipse domnus imperator non omnibus singulariter necessariam potest exhibere curam et disciplinam.

4. Secundo, ut nullus homo neque cum periuri neque alii ullo ingenio vel fraude per nullius umquam adolationem vel praemium neque servum domni imperatoris neque terminum neque terram nihilque quod iure potestativo permaneat nullatenus contradicat neque abstrahere audeat vel celare; et ut nemos fugitivos fiscales suos, qui se iniuste et cum fraudes liberas dicunt, celare neque abstrahere cum periurio vel alio inienio presumat.

5. Ut sanctis ecclesiis Dei neque viduis neque orphanis neque peregrinis fraude vel rapinam vel aliquit iniuriae quis facere presumat; quia ipse domnus imperator, post Domini et sanctis eius, eorum [i] et protector et defensor esse constitutus est.

6. Ut beneficium domni imperatoris desertare nemo audeat, propriam suam exinde construere.

7. Ut ostile bannum domni imperatori nemo pretermittere presumat, nullusque comis [k] tam presumtiosum sit, ut ullum [l] de his qui hostem facere debiti sunt exinde vel aliqua propinquitatis [m] defensionem vel cuius muneris adolationem dimittere audeant.

8. Ut nullum bannum vel preceptum domni imperatori nullus omnino in nullo marrire praesumat, neque opus eius tricare [n] vel inpedire vel minuere vel in alia contrarius fierit voluntati vel praeceptis eius. Et ut nemo debitum suum vel censum marrire ausus sit.

9. Ut nemo in placito pro alio rationare usum habeat defensionem alterius iniuste, sive pro cupiditate [o] aliqua, minus rationare valente vel pro ingenio rationis suae iustum iudicium marrire vel rationem suam minus valente opprimendi studio. Sed unusquisque pro sua causa vel censum vel debito ratione reddat, nisi aliquis isti infirmus aut rationes nescius, pro quibus missi vel priores qui in ipso placito sunt vel iudex

h) *ita Bal.*; ista miserationem *c.* i) quorum *c.* k) commix *c.* l) illum *c.* m) propinquatis *c.* n) stricare *c.* o) cuditate *c.*

qui causa huius rationis sciat rationetur con placito; vel si necessitas sit, talis personae largitur in[p] rationem, qui omnibus provabilis sit et qui in ipsa bene noverit causa: quod tamen omnino fiat secundum convenientiam priorum vel missorum[q] qui praesentem adsunt. Quod et omnimodis secundum iustitiam legem fiat; adque praemium, mercedem vel aliquo malae adulationis ingenio vel defensione propinquitatis ut nullatenus iustitia quis marrire praevaleat. Et ut nemo aliquit alicui iniuste consentiat, sed omni studio et voluntate omnes ad iustitia perficiendam praeparati sunt.

Hec enim omnia supradicta imperiali sacramento observari debetur.

---

10. Ut episcopi[r] et[r] presbiteris secundum canones vibant et itaque caeteros doceant.

11. Ut episcopi, abbates adque abbatissae, que ceteris prelati sunt, cum summa veneratione hac diligentia subiectis sibi precesse[s] studeat, non potentiva dominationem vel tyrannide sibi subiectos premant, sed simplici dilectionem cum m. suetudinem et caritatem vel exemplis bonorum operum commissa sibi grege sollicite custodiant.

12. Ut abbate, ubi monaci sunt, pleniter cum monachis secundum regula vibant adque canones[t] diligenter discant et observent; similiter abbatissae faciant.

13. Ut episcopi, abbates adque abbatissae advocatos adque vicedomini centenariosque legem scientes et iustitiam diligentes pacificosque et mansuetus habeant, qualiter per illosque s.nctae Dei ecclesiae magis profectum[u] vel merces adcrescat; quia nullatenus neque praepositos neque advocatos damnosus et cupidus in monasteria habere volumus, a quibus magis nos blasphemia vel detrimenta oriantur. Sed tales sint, quale eos canonica vel regularis institutio[v] fieri iubet, voluntati Dei subditos et ad omnes iustitia perficiendi semper paratos, legem pleniter observantes absque fraude maligno, iustum semper iudicium in omnibus exercentes, praepositos vero[w] tales, quales sancta regula fieri docet. Et hoc omnino observent, ut nullatenus a quibus magis nobis a canonica vel regulari norma discendant, sed humilitatem in omnibus habeant. Si autem aliter praesumserint, regulare disciplina sentiant; et si se emendare

p) ut *c.* q) missam *c.* r) episcopis *c.* s) precesse *c.* t) canonicis *c.* u) praeceptum *c.* v) *ita Bal.*; intuitu *c.* w) vestros *c.*

noluerit, a praepositum removeantur, et qui digni sunt in loca eorum subrogentur.

14. Ut episcopi, abbates adque abbatissae comiteque unanimi invicem sint, consentientes legem ad iudicium iustum terminandum cum omni caritate et concordia pacis, et ut fideliter vivant secundum voluntate Dei, ut semper ubique et propter illos et inter illos iustum iudicium ibique perficiantur. Pauperes, viduae, orphani et peregrini consolationem adque defensionem [x] hab eis habent; ut et nos per eorum bona voluntatem magis premium vitae eternae quam supplicium mereamur.

15 [y]. Abbates autem et monachis omnis modis volumus et precipimus, ut episcopis suis omni humilitate et hobhedientia sint subiecti, sicut canonica constitutione mandat. Et omnis eclesiae adque basilicae in eclesiastica defensione et potestatem permaneat. Et de rebus ipse basilicae nemo ausus sit in divisione aut in sorte mittere. Et quod semel offeritur, non revolvatur et sanctificetur [z] et vindicetur [z]. Et si autem aliter praesumpserit, presolvatur et bannum nostrum conponat. Et monachi ab episcopo provinciae ipsius corripiantur; quod si se non emendent, tunc archiepiscopus eos ad sinodum convocet; et si neque sic se [a] correxerint [a], tunc ad nostra praesentiam simul cum episcopo suo veniant [7].

16. De ordinatione elegenda, ut domnus imperator iam olim ad Francorum banno concessit ut [b] episcopi abbatibus [b], ita etiam nunc et firmavit; eo tamen tinore, ut neque episcopus neque abbas in monasterio viliores meliori plus diligit et eum sibi propter consanguinitatem suam vel aliqua adolationem melioribus suis praeferre studeat, et talem nobis ducere [c] ordinandum, cum meliorem eo habet occultato [d] et oppressu [d]; quod nequaquam fieri volumus, quia inrisio [e] et delusio nostra hoc fieri videtur. Set talis in monasteriis nutriantur ad ordinandum [f], in quo et nobis et merces et profectus adcrescat commendatoribus suis.

17. Monachi autem, ut firmiter ac fortiter secundum regula vivant, quia displicere Deo novimus quisquis in sua voluntate tepidus est, testante Iohanne in apocalypsin [8] : « Utinam calidus esse aut frigidus: sed

x) deconfessionem *c.* y) *caput cum anteriori cohaeret in c.* z) sanctificat et vindicet *c.* a) consurrexerint *c.* b) episcopis et abbatibus *corr.?* c) duce *c.* d) occultatum et opressum *legendum.* e) inrisior *c.* f) *ita Bal.;* ornandum *c.*

7) *Cfr. Concil. Franconof.* 794. *c* 6. 8) *c.* 3, 15.16.

quia tepidus es, incipian te evomere ex ore meo.» Seculare sibi negotium[g] nullatenus usurpent. Foris monasterio nequaquam progrediendi licentiam habeant, nisi maxima cogente necessitatem: quod tamen episcopus, in cuius diocese[h] erunt, omnino praecuret, ne foris monasterio vagandi usum habeant. Sed si necessitas sit ad aliquam obhedientiam aliquis foris pergere, et hoc cum consilio et consensum episcopi fiat, et tales personae cum testimonium foris mittantur in quibus nulla sit suspitio mala vel a quibus nulla oppinio mala oriatur. Foris vero peculium vel res monasterii abbas cum episcopi sui licentiam et consilium ordinet qui praevideat, non monachum, nisi alium[i] fidelem. Quaestum verum seculare vel concupiscentia mundanarum rerum omnismodis devitent[k]; quia avaritia vel concupiscentia huius mundi omnibus est devetanda christiani, maxime tamen in his qui mundo et concupiscentiis abrenuntiasse videtur. Lites et contentiones nequaquam, neque infra neque foris monasterio, movere presumat. Qui autem presumserit, gravissima disciplina regulari corripiantur, et taliter caeteri metum habeant talia perpetranda. Ebrietatem et commessationem omnino fugiant, quia inde libidine maxime polluari omnibus notum est. Nam pervenit ad aures nostras oppinio perniciosissima, fornicationes et in habhominatione et inmunditia multas iam in monasteriis esse deprehensos. Maxime contristat[l] et conturbat, quod sine errore magno dici potest, ut unde[m] maxima spe salutis omnibus christianis orriri crederent, id est de vita et castitate monachorum, inde detrimentum[n], ut aliquis ex monachus sodomitas esse auditum. Unde etiam rogamus et contextamur, ut certissime amplius ex his diebus omni[o] custodia se ex[p] his malis conservare studeant, ut numquam amplius tale[q] quid aures nostras perveniat. Et hoc omnibus notum sit, quia nullatenus in ista mala in nullo loco amplius in toto regno nostro consentire audeamus: quanto minus quidem[r] inter eos qui castitatis et sanctimoniae emendatiores esse cupimus. Certe[s] si[s] amplius quid[t] tale[t] ad aures nostras pervenerit, non solum in eos, sed etiam et in ceteris, qui[u] in[u] talia consentiant, talem ultionem facimus, ut nullus christianus qui hoc audierit, nullatenus tale[v] quid perpetrare amplius presumserit[w].

18. Monasteria puellarum firmiter observata sint, et nequaquam

g) *ita correxi;* neglegentiam *c.* h) doces *c.* i) olium *c.* k) devideant *c.* l) antrifat *c.* m) inde *c.* n) trimentum *c.* o) omnia *c.* p) et *c.* q) tela *c.* r) qui *c.* s) Certes *c.* t) quot tales *c.* u) quur *c.* v) tele *c.* w) sumserit *c.*

vagare sinantur, sed cum omni diligentia conserventur, neque litigationes vel contentione inter se movere praesumat, neque in nullo magistris et abbatissis inhobedientes vel contrariae fieri audeant. Ubi autem regulares sunt, omnino secundum regula observent, ne fornicatione deditae, non ebrietatis, non cupiditati servientes, sed omnimodis iuste et sobrie vivant. Et ut in claustra vel monasterium earum vir nullus intret, nisi presbiter propter visitationem infirmarum cum testimonio intret, vel ad missam tantum, et statim exeat. Et ut nemo alterius filiam suam in congregationem sanctemonialium recipiat absque notitia vel consideratione episcopi ad cuius diocense pertinet locus ille; et ut ipse diligenter exquirat, qualiter in sancto ad Dei servitio permanere cupiat, et stabilitatem suam ibidem firmare vel professionem. Ancilla autem aliorum hominum 9, vel tales feminas quae secundum more conversationis in sancta congregatione vivere volunt [x], omnes pleniter de congregatione eiciantur.

19 [y]. Ut episcopi, abbates, presbiteri, diaconus nullusque ex omni clero canes ad venandum aut acceptores, falcones seu sparvarios habere presumant, sed pleniter se unusquisque in ordine suo canonice vel regulariter custodiant. Qui autem presumserit, sciat unusquisque honorem suum perdere. Caeteri vero tale exinde damnum patiatur, ut reliqui metum habeant talia sibi usurpare.

20. Ut abbatissae una cum sanctimonialibus suis se unianimiter [z] aut diligenter infra claustra se custodiant et nullatenus foris claustra ire praesumant. Sed abbatissae, cum propter [a] aliquas de sanctimonialibus dirigere, hoc nequaquam absque licentiam et consilium episcopi sui faciant. Similiter et cum ordinationem aliqua in monasteriis agere debeant vel aliquas in monasteriis receptiones facere, et hoc cum episcopis suis pleniter antea retractent; et quod salubrius vel utilius fieri disponat, episcopi archiepiscopo annuntient, et cum eius consilio quae agenda sunt perficiantur.

21. Ut presbiteros ac caeteros canonicos, quos comites sui [b] in ministeriis [c] habent, omnino eos episcopis suis subiectos exhibeant, ut canonica institutio iubet; de his episcopis suis pleniter sub sancta disci-

x) nolunt *legendum?* y) *Capp.* 19—21. *uno capite coniuncta in cod.* z) uanianimiter *c.* a) propr. *c.*; proposuerint *coniecit P.* b) seu *c.* c) misteriis *c.*

9) *Cfr. Admon. gen.* 789. *c.* 23.

plina eos erudire sint [d] consentientes, sicut nostra gratia vel suos honores habere desiderant.

22 [e]. Canonici autem pleniter vitam obserbent canonicam, et domo episcopali vel etiam monasteria cum omni diligentiam secundum canonica disciplina erudiantur. Nequaquam foris vagari [f] sinantur [f], sed sub omni custodia vibant, non turpis lucri dediti, non fornicarii, non fures, non homicides, non raptores, non litigiosi, non iracundi, non elati, non ebriosi, sed casti corde et corpore, humiles, modesti, sobrii, mansueti, pacifici, ut filii Dei digni sint ad sacro ordine promovere; non per vicos neque per villas ad ecclesiam vicinas [g] vel terminantes sine magisterio vel disciplina, qui sarabaiti [10] dicuntur, luxoriando vel fornicando vel etiam caetera iniqua operando, quae consentiri absordum est.

23. Presbiteri cleros quos secum habent sollicite praevideant, ut canonice vivant: non inanis lusibus vel conviviis secularibus vel canticis vel luxoriosis usum habeant; sed caste et salubre vivant.

24. Si quis autem presbiter sive [h] diaconos, qui post hoc in domo sua secum mulieres extra canonicam licentiam habere presumserit, honorem simul et hereditatem privetur [i] usque [i] ad nostram presentiam.

---

25. Ut comites et centenarii ad omnem iustitiam faciendum conpellent et iuniores tales in ministeriis [k] suis habeant, in quibus securi confident, qui legem adque iustitiam fideliter observent, pauperes nequaquam oppriment, fures latronesque et homicidas, adulteros, malificos adque incantatores vel auguriatrices omnesque sacrilegos nulla adulatione vel praemium nulloque sub tegimine celare audeat, sed magis prodere, ut emendentur et castigentur secundum legem, ut Deo largiente omnia haec mala a christiano populo auferatur.

26. Ut iudices secundum scriptam legem iuste iudicent, non secundum arbitrium suum.

27 [l]. Precipimusque ut in omni regno nostro neque divitibus [m] neque pauperibus neque peregrinis nemo hospitium [m] denegare audeat, id

d) sunt *c.* e) *Cap.* 22—24. *in uno iunguntur in cod.* f) variismantur *c.* g) vini *c.* h) sine *c.* i) priuet. utriusque *c.*; (*cfr. c.* 32. 36 *sub fine.*) k) misteriis *c.* l) *Cap.* 27 *legitur etiam in canonum quodam codice ecclesiae Realinae sign. Arm. V. L. saeculo undecimo scripto fol.* 31, *inscriptum:* Ut omnis homo ad alium hominem hospitium preparent. Kar. rex. m) *ita cod. Real.*; dives neque pauper neque per nemini inspicia *cod. Par.*

10) *Legation. edict.* 789 *c.* 1.

est sive peregrinis propter Deum perambulantibus terram sive cuilibet iteranti propter amorem Dei et propter salutem animae suae tectum et focum et aquam illi nemo deneget. Si autem amplius eis aliquid boni facere voluerit, a Deo sibi sciat retributionem optimam, ut ipse dixit : « Qui[11] autem susceperit unum parvulum propter me, me suscepit, » et alibi : « Hospes[12] fui et suscepistis me. »

28. De legationibus a domno imperatore venientibus. Missis directis ut comites et centenarii praevideant omni sollicitudine, sicut gratia domni imperatori cupiunt, ut absque ulla[n] mora eant[n] per ministeria[o] eorum, omnibusque omnino praecepit, quia hoc debiti sunt praevidere, ut nullam moram nusquam patiatur, sed cum omni festinatione eos faciant ire viam suam, et taliter providentiam suam habeant, ut missi nostri disponant.

29. De[13] pauperinis vero qui in sua elymosyna domnus imperator concedit qui pro banno suo solvere debent, ut eos iudices, comites vel missi nostri pro concesso non habeant constringere parte[p] sua.

30. De his quos vult domnus imperator, Christo propitio, pacem defensionem habeant in regno suo, id sunt qui ad suam clementiam festinant, aliquo nuntiare cupientes sive ex christianis sive ex paganis, aut propter inopia vel propter famem suffragantia quaerunt, ut nullus eos sibi servitio constringere vel usurpare audeant neque alienare neque vindere; sed ubi sponte manere voluerint, sub defensione domni imperatoris ibi habeant subfragia in sua elymosina. Si quis hoc transgredere praesumpserit, sciant se exinde damnum pati vitam[q] praesumptiosus dispositum iussa domnum imperator[q].

31. Et his qui iustitiam domni imperatoris annuntiant nihil lesiones vel iniuria quis[r] machinare praesumat neque aliquid inimicitiae contra eos movere. Qui autem praesumpserit, bannum dominicum solvat, vel, si maioris debiti reus sit, ad sua praesentia perduci iussum est.

32. Homicidia, pro quibus multitudo[s] perit populi christiani[s], omni contextatione deserere ac vetare mandamus; qui ipse Dominus

n) ullum orteant *c.* o) misteria *c.* p) *ita correxi;* pro arte *c.* q) qui tam praesumptiosus dispexit iussa domni imperatoris *legendum esse censet* P. r) qui *c.* s) *ita corr. Bal.;* multus Deo perit populus christianus *P.;* multis de operi populus christianus *c.*

11) *Matth.* 18, 5. 12) *Matth.* 25, 35. 13) *Ne ab iis, qui contra bannum regium quidem egerint sed quibus propter propriam egestatem imperatoris clementia banni solutio concessa fuerit, comites missive sua auctoritate bannum exigant.*

odia[t] et inimicitie suae fidelibus contradixit, multommagis homicidia. Quomodo enim secum[u] Deum[u] placatum fore[v] confidit, qui filium suum proximum sibi occiderit? Qualiter vero Christum dominum sibi propitium esse arbitretur, qui fratrem suum interficerit? Magnum quoque et inhabitaculum periculum est cum Deo patre et Christo coeli terrae dominatore, inimicitias hominum movere[w]: quos aliquit tempus latitando[x] effugere[x] potest, sed tamen casu[y] aliquando in manus inimicorum suorum incidit; Deum autem ubi effugere valet, cui omnia secreta manifesta sunt? qua[z] temeritate eius iram quis extimat evadere[z]? Quapropter[a] ne[a] populus nobis ad regendum[b] commissos hoc malo[c] pereat. [illegible] omni disciplina devitare previdimus; quia nos nullo modo placatum vel propitius habere, qui sibi Deum iratum non formidaverit: sed saevissima districtione[d] vindicare vellimus qui malum homicidii ausus fuerit perpetrare. Tamen ne[e] etiam peccatum adcrescat, ut inimicitia maxima inter christianos non fiat, ubi suadentes diabulo homicidia contingant, statim reus ad suam emendationem recurrat, totaque celeritate perpetratum malum ad[f] propinquos extincti digna conpositionem emendet. Et hoc firmiter banniamus, ut[g] parentes interfecti nequaquam inimititia super commissum malum adaugere audeant, neque pacem fieri[h] petenti[h] denegare, sed datam fidem paratam compositionem recipere et pacem perpetuam reddere, reum[i] autem nulla moram compositionis facere. Ubi autem hoc peccatorum merito contingerit, ut[g] quis vel fratres vel propinquum suum occiderit, statim se ad penitentia sibi compositam sumit, et ita ut episcopus eius sibi disponat absque[k] ulla ambiguitate: sed iuvante Domino perficere suum remedium studeat, et componat occisum secundum legem et cum propinquis suis se omnino complaceat, et data fidem ullam inimicitiam exinde movere nemo audeat. Qui autem digna emendationem facere contemserit, hereditatem privetur[l] usque ad iudicium nostrum.

33. Incestuosum scelus omnino prohibemus. Si quis nefanda autem fornicatione contaminatus fuerit, nullatenus sine districtione gravi relaxetur, sed taliter ex hoc corripiantur, ut caeteri metum habeant talia perpetrandi, ut auferetur penitus et inmunditia populo christiano, et

t) *ita Bal.;* audivit *c.* u) secundum *c.* v) fovere *c.* w) moveretur *c.* x) *ita B.;* laudando et fugere *c.* y) *ita Bal.;* causa *c.* z) *ita correxit P.;* qui temeritatem eius ira quis extimat de re *c.* a) Qua ne propter *c.* b) requirendum *c.* c) male *c.* d) distraatione *c.* e) ne *om. c.* f) et *c.* g) a *c.* h) fide petendi *c.* i) rerum *c.* k) adque *c.* l) privet *c.*

ut reus ex hoc per poenitentia ammittat pleniter, sicut ei ab episcopo suo disponatur; et eadem femina in manus parentum sit constituta usque ad iudicium nostrum. Si autem iudicium episcopi ad suam emendationem consentire noluerit, tunc ad nostra presentia perducantur, memores exemplo quod de incestis factum est quod Fricco perpetravit in sanctimoniali Dei.

34. Ut omnes pleniter bene parati sint, quandocunque iussio nostra vel annuntiatio advenerit. Si quis autem tunc se inparatum esse dixerit et praeterierit mandatum, ad palatium perducatur; et non solum ille, sed etiam omnes qui bannum vel praeceptum nostrum transgredere praesumunt.

35. Ut omnes omnino episcopus et presbiteros suos omni honore venerentur in servitio et voluntate Dei. Ne[m] incestis nuptiis et se ipsos et caeteros maculare audeant; coniunctiones facere non praesumat, antequam episcopi, presbyteri cum senioribus populi consanguinitatem coniungentium diligenter exquirant; et tunc cum benedictionem iungantur. Ebrietatem devitant, rapacitatem fugiant, furtum non faciant; lites et contentiones adque blasphemia, sive in conviviis sive in conplacito, omnino devitentur[n], sed cum caritate et concordia vibant.

36. Et ut omnes omnino ad omnem iustitia exsequenda et missis nostris sint consentientes. Et usum periurii omnino non[o] permittant, qui hoc pessimum scelus christiano populo auferre[p] necesse est. Si quis autem post hoc in periurio probatus fuerit, manum[14] dextera se perdere sciat; tamen hereditatem propria priventur usque ad nostrum iudicium.

37. Ut[q] hii qui patricidia vel fratricidia fecerit, avunculum, patruum vel aliquem ex propinquis occiderint, et iudicium episcoporum, presbiterorum caeterorumque iudicium obhedire et consentire noluerint, quod ad salutem animae suae iustumque iudicium solvendum missi nostri et comitis in tali custodia coartent, ut salvi sint nec caeterum populum quoinquinent usque dum in nostra presentia perducatur; et de res propria sua interim nihil habeant.

38. Similiter et his fiat qui inlicitis et incestis coniunctionibus reprehensi sunt correcti et nec se emendare volunt neque episcopis

m) ut *c.* n) dubitentur *c.* o) non *om. c.* p) offere *c.* q) *cap.* 37. 38 *uno iuncta sunt in c.*

14) *Capit. Harist.* 779. *c.* 10.

neque presbiteris suis obtemperare, et bannum nostrum praesumunt [r] contempnere.

39. Ut in forestes nostras feramina nostra nemine furare audeat, quod iam multis vicibus fieri contradiximus; et [s] nunc iterum banniamus firmiter, ut nemo amplius faciat, sicut fidelitatem nobis promissa unusquisque conservare cupiat, ita sibi caveat. Si quis autem comis vel centenarius aut bassus noster aut aliquis de ministerialibus nostris feramina nostra furaverit, omnino ad nostra presentia perducantur ad rationem. Caeteris autem vulgis, qui ipsum furtum de feraminibus fecerit, omnino quod iustum est conponat, nullatenusque eis exinde aliquis relaxetur. Si quis autem hoc sciente alicui perpetratum, in ea fidelitate conservatam quam nobis promiserunt et nunc promittere habent, nullus hoc celare audeat.

40. Novissime [t] igitur ex omnibus decretis nostris nosse cupimus in universo regno nostro per [u] missos nostros nunc directos, sive inter ecclesiasticos viros, episcopos, abbates, presbiteros, diaconus, canonicos, omnes monachos sive sanctimoniales, qualiter unusquisque in suum ministerium vel professione nostrum [v] bannum vel decretum habeat conservatum, vel ubi civibus ex his dignum sit ex bona voluntate sua gratias agere vel adiutoria inpendere vel ubi aliquid adhuc sit necessitatis emendare. Simili autem laicos et in omnibus ubicumque locis, si de mundeburde sanctorum ecclesiarum vel etiam viduarum et orphanorum seu minimum potentium adque rapina necnon de exercitali placito instituto, et super ipsis causis, qualiter preceptum vel voluntate nostrae sint obhedientes, vel etiam qualiter bannum nostrum habeat conservatum, qualiterque super omnia unusquisque certamen habeat in sancto servitio Deo seipsum custodire : ut hec omnia bona et bene sint ad Dei omnipotentis laudem, et gratias referamus, ubi [w] dignum est; ubi autem aliquid inultum esse credimus, sic ad emendandum omne studio et voluntate certamen habeamus, ut cum Dei adiutorio hoc ad emendationem perducamus et ad nostra eterna mercedem et omnium fidelium nostrum. Similiter et de comitibus vel centenariis, ministerialibus nostris, inter nos omnia supradicta nosse cupimus feliciter.

r) presumat *c.* s) ut *c.* t) *capp.* 39, 40 *cohaerent in c.* u) *ita correxi; cfr. cap.* 1 : missos iussit imperator sibi innotescere. v) nostra *c.* w) ut *c.*

2

# 41. CAPITULARE LEGI RIBUARIAE ADDITUM.

803.

*Invenitur in codicibus* 1) *Paris.* 4629. *fol.* 22 v. 2) *Cheltenham.* 1736. 3) *Vaticano inter Palatin.* 773. *fol.* 48. 4) *Epored.* 33. *fol.* 142. 5) *Epor.* 34. *fol.* 23 v. 6) *Monac.* 19416. 7) *Paris.* 9654. *fol.* 13. 8) *Vatican. inter Palatin.* 582. *fol.* 16. 9) *Barrois olim Lovanii. In omnibus his novem codicibus capitula subsequuntur capitulare missorum anni* 803. *Praeterea in cod. S. Pauli in Karinth.* (*fol. fere* 161) *exstant c.* 3. 4.; *in cod. Guelferbytano inter Blank.* 130. 52 *folio fere* 87. *cap.* 5., *cum reliqua c.* 1—4. 6—12 *in eodem codice sub fine capitularium* (*fol.* 135.) *suppleantur praefixis verbis* Item de lege Ribuariense; *in codicibus denique Monacens.* 3519. 5260 *recepta sunt c.* 9. 10, 2.

*Inscriptiones sunt in codd.* 1. 2 : Item alios capitulos, *in cod* 3. *ea quae infra praefixa est, in cod.* 4. : De lege ripuarianense, *in cod.* 7 8. : Hoc fuit datum ad Aquis in tercio anno imperii domni Karoli augusti, quando synodus ibi magna fuit. *Capitulare fortasse in magno concilio Aquisgranensi mense Octobri* 802 *deliberatum, anno demum* 803 *editum est.*

*In codicibus omnibus singulis capitulis non numeri perpetuo numerati, sed legis Ribuariae titulorum singulorum numeri praefixi sunt, ad quos supplendos vel corrigendos haec sequentia capitula data sunt.* (*B. I*, 395; *P. I*, 117.)

## Incipit [a] nova legis constitutio Karoli imperatoris qua in lege Ribuaria mittenda est.

I. cap. Si quis [b], ingenuus ingenuum ictu percusserit, quindecim solidos conponat [c].

a) *Inscriptio e cod.* 3. b) *deest* 4. 7. 8. c) culp. iudicetur 8.

2. X. cap. Homo regius, id est fiscalinus, et aeclesiasticus vel litus interfectus [d] centum solidis conponatur.

3. XII. [e] cap. Homo ingenuus qui multa qualibet solvere non potuerit et fideiussores non [f] habuerit, liceat ei semetipsum in wadium [g] ei cui debitor est mittere usque dum multa quam debuit persolvat.

4. Item in eodem capitulo [h]. De soniste [i 1] aut sexcentos solidos conponat aut cum duodecim iuret aut, si ille qui causam quaerit duodecim hominum sacramentum recipere noluerit, aut [k] cruce [k] aut [l] scuto et fuste contra eum decertet.

5. XX. [m] cap. Nemini liceat servum suum propter damnum ab illo [n] cuilibet inlatum dimittere; sed iuxta qualitatem damni dominus pro ipso respondeat [o] vel eum in compositione aut ad poenam petitoris offerat [p]. Si autem servus perpetrato scelere fugerit, ita ut a domino penitus inveniri non possit, sacramento se dominus eius excusare studeat, quod nec suae voluntatis nec conscientiae fuisset quod servus eius tale facinus commisit [q].

6. XXXIII. [r] cap. Si quis ad mallum legibus mannitus [s] fuerit et non venerit, si eum sunnis non detenuerit, quindecim solidis culpabilis iudicetur; sic [t] ad secundam et terciam. Si autem ad quartam venire contempserit, possessio eius in bannum mittatur, donec veniat et de re qua interpellatus fuerit iustitiam fatiat. Si infra annum non venerit, de rebus eius quae in bannum missae [u] sunt [u] rex interrogetur, et quicquid inde iudicaverit fiat. Prima ammonitio [v] super noctes septem, secunda super noctes quattuordecim, tertia super viginti et unam, quarta super

d) ductus 1. 2. e) XXII. cap. *cod.* 7; *in cod.* 2 *hoc caput sequenti pospositum est praefixis verbis* In eodem capitulum. f) non *om.* 1. 2. 6. g) iuditium 1. 2. h) *ita codd. omnes; sed legis Ribuariae titulus ad quem hoc caput scriptum est vere est decimus octavus, inscriptus* De sonesti. i) sonesti 3. k) aut cruce *om.* 7 (*et* 8?), *similiter infra in c.* 8; *cfr. capit. eccles.* 817, *c.* 27. l) cum 7 (8?) m) XVIII. *cod.* 3. 4. 6. n) aliquo 1. 2. o) de servo qui damnum fecit *add.* 7. p) auferet 1. 2. q) *In cod.* 1, *et si schedas nostras recte intelligo, etiam in cod.* 2 *subnexa sunt verba* : XXX. Sicut petierunt, ita domnus imperator consensit; *quae verba pro peculiari capitulo constituit Pertz. Sed ad praecedens potius capitulum pertinere videntur, cum legis Ribuariae titulo XXX. aeque atque in capite nostro quinto de domino pro servo in iudicio respondente agatur. In Benedicti etiam collectione* (*II.* 210) *verba* Sicut petierunt *rell. addita sunt capiti nostro quinto.* r) XXXIIII. *cod.* 1. s) bannitus 7. 8. t) si 1. 2. u) misserunt 1; miserunt 2. v) mannitio 3. 4; bannitio 7. 8.

1) *Cfr. Lex Thur.* 37 : scrofae sex cum verre quod dicunt sonest; *lex Rib. XVIII* De sonesti, *et in* § 1 : sex scrovae cum verre.

quadraginta duas. Similiter et de benefitio hominis, si forte res proprias non habuerit, mittatur in bannum usque quo rex interrogetur.

7. XXXV. cap. Si auctor venerit et rem interciatam recipere rennuerit [w], campo [x] vel cruce contendatur [x].

8. XLVIII. cap. Qui filios non habuerit et alium quemlibet haeredem sibi facere voluerit, coram rege vel coram comite et scabineis vel missis dominicis, qui tunc [y] ad iustitias faciendas in provincia [z] fuerint ordinati, traditionem faciat.

9. LVII. [a] cap. Homo denarialis non ante haereditare in suam agnationem [b] poterit, quam usque ad terciam generationem perveniat.

10. LXIIII. [c] cap. Homo cartularius [d] similiter [e].

11. LXVII. [f] cap. Omne sacramentum in ecclesia aut supra reliquias iuretur; et quod in ecclesia iurandum est, vel cum sex [g] electis vel, si [h] duodecim esse debent, quales potuerit invenire : sic [i] illum Deus adiuvet et sancti quorum istae reliquiae sunt, ut veritatem dicat.

12. LXXII. cap. Si res interciata furto [k] ablata fuerit, liceat ei super quem res interciata fuerit sacramentum se excusare de furto [k], nec suae voluntatis aut conscientiae fuisse quod ablatum est; et [l] tantum sine dampno restituat.

w) nolucrit 7. 8. x) campo contendant 7 (8?); *cfr. supra not. k.* y) cum 1. 2. z) parochia 1. 2. a) LVIII. 3; XVII. 4. 6. b) agnitionem 1—3. cognationem 5. c) LXXVIII 2; LXIII. 5. d) cartellaris 1. e) faciat *add.* 1. 2. f) LXVIII. 2. g) septem 7. 8. h) si *om.* 1; cum 2. i) si 7. 8. k) furtu 1. 2. l) aut 3. 6. 7; aliud *add.* 1. 2.

---

# 45. DIVISIO REGNORUM.

806 Februar. 6.

*Exstat in codicibus* 1) *Musei Britann. Egerton Manuscr.* 269 (*olim Spangebergii*) *fol.* 15., *inscriptum :* De divisiones regnorum. 2) *Gothano* II. *nro* 189. *fol.* 5 v. 3) *Vaticano* 3922. *sc. XVI. vel XVII. scripto, denique* 4) *in editione Pithoei, Annalium et historiae Francorum Scriptt. coaetanei duodecim (editio Germanica) pg.* 283—288. *Codex autem* 1, *saec. IX. vel X. scriptus, nonnisi praefationem neque eam usque ad finem continet, in codice* 2 *omnino desunt folia duo cum compluribus capitibus et alia folia lacera sunt, ut nonnulla legi nequeant, et codex 3. apographum valde recens continet, ut subsidia ad capitularis textum constituendum non omnino firma sint. Tamen de huius capitularis sinceritate dubitari non potest, ut Pithoeus quidem dubitavit. Referunt enim Einhardi annales ad annum* 806 : Illisque absolutis conventum habuit imperator cum primoribus et optimatibus Francorum de pace constituenda et conservanda inter filios suos et divisione regni facienda in tres partes, ut sciret u n u s q u i s q u e i l l o r u m, q u a m p a r t e m t u e r i e t r e g e r e d e b u i s s e t si superstes illi deveniret (*quae verba accurate congruunt cum praefationis nostrae verbis :* q u a m q u i s q u e i l l o r u m t u e r i v e l r e g e r e d e b e a t p o r t i o n e m describere et designare fecimus). De hac partitione et testamentum factum et iureiurando ab optimatibus Francorum confirmatum et constitutiones pacis conservandae causa factae atque haec omnia litteris mandata sunt et Leoni papae ut his sua manu scriberet, per Einhardum missa. *Haec annalium verba haud dubie capitulare nostrum genuinum esse probant. Affirmatur haec annalium narratio nota quadam in saeculi noni codice Sangallensi 272. pag. 245. (Mon. Germ. Scr. I. 70) scripta :* Anno DCCCVI. ab incarnatione Domini indictione XIIII. anno XXXVIII regnante Karolo imperatore VIII. Idus Febr. die Veneris divisum est regnum illius inter filiis suis, quantum unusquis post illum habet. *Divisio et capitulare in Theodonis villa facta sunt.*

(*B. I*, 439; *P. I*, 140.)

In nomine Patris et Filii et Spiritus sancti. Karolus[a] [b] serenissimus augustus, a Deo coronatus magnus pacificus imperator, Romanum gubernans imperium, qui et per misericordiam Dei rex Francorum atque Langobardorum [c], omnibus fidelibus sanctae Dei aecclaesiae ac nostris, praesentibus scilicet et futuris [a].

Sicut omnibus [d] vobis notum esse [d] et neminem [e] vestrum latere [f] cre-

a) *Codd. 2. 3. exordium hoc habent :* Imperator Caesar Karolus rex Francorum invictissimus et Romani rector imperii pius felix victor ac triumphator semper augustus omnibus fidelibus sanctae Dei aecclesiae et cuncto populo catholico praesenti et futuro gentium ac nationum que sub imperio et regimine eius constitute sunt. b) Carolus 1. c) longobardorum 1. d) in omnibus notum est 1. e) nemini 1. f) lateri 1.

dimus, quomodo [g] nos divina clementia, cuius nutu ad occasum tendentia secula per successiones generationum reparantur, tres nobis dando filios magno [h] miserationis ac [i] benedictionis suae [i] ditavit munere, quia per eos secundum [k] vota nostra et spem [l] nostram de regno [l] confirmavit et curam oblivioni [m] obnoxiae [n] posteritatis leviorem [o] fecit [o], ita et hoc vobis notum fieri volumus, quod [p] eosdem per Dei gratiam filios nostros regni a Deo nobis concessi donec in corpore [q] sumus consortes [r] habere [r], et post nostrum ex [s] hac mortalitate discessum [t] a [u] Deo conservati et servandi imperii vel regni nostri [u] heredes relinquere, si ita [v] divina maiestas adnuerit, optamus. Non ut confuse atque inordinate vel [w] sub totius regni denominatione [x] iurgii vel litis controversiam eis relinquamus [y], sed trina portione totum regni corpus divitentes, quam quisque illorum tueri vel regere debeat porcionem describere et designare fecimus [z]; eo videlicet modo, ut sua quisque [a] portione contentus iuxta ordinationem nostram, et fines [b] regni sui qui ad alienigenas extenduntur cum Dei adiutorio nitatur defendere, et pacem atque caritatem cum fratre custodire.

1. Divisiones vero a Deo conservati atque conservandi imperii vel regni nostri [c] tales facere placuit, ut Aquitaniam totam et Wasconiam, excepto pago Turonico, et quicquid inde ad occidentem atque Hispaniam respicit et de civitate Nivernis, quae est sita super fluvium [d] Ligerem, cum ipso pago Nivernense, pagum Avalensem atque Alsensem, Cabilionensem, Matisconensem, Lugdunensem, Saboiam, Moriennam, Tarentasiam, montem Cinisium, vallem Segusianam usque ad clusas et inde per terminos Italicorum montium usque ad mare, hos pagos cum suis civitatibus et quicquid ab eis contra meridiem et occidentem usque ad mare vel usque ad Hispanias continetur, hoc est illam portionem Burgundiae et Provinciam ac Septimaniam vel Gothiam, Ludovico dilecto filio nostro consignavimus.

2. Italiam vero, quae et Langobardia dicitur, et Baiovariam, sicut

g) quoniam 1. h) nos *add.* 3. i) suae ac benedictionis 1. k) iuxta 1. l) sep regni 1. m) oblivianam 1. n) obnixe 2. o) revelavit 1, *quod corr. Pertz* relevavit. p) quia 1. q) *Hinc inde lacuna in cod. 2. usque ad medium caput 2, folio uno absciso.* r) *desunt* 3. s) ab. 3. t) recessum 3. u) huius a Deo conservati et conservandi regni vel imperii nostri 3. v) sic 3. w) aut 3. x) dominatione vel denominatione 3. y) relinquimus 1; relinquentes 3. z) volumus 3. a) *in hoc verbo omnino desinit 1, ut, cum 2 quoque mutilum sit, reliqua usque ad medium caput 2. nonnisi extent in 3.* b) fines *om.* c) *deest* 3. d) *deest* 3.

Tassilo tenuit, excepto duabus villis quarum nomina sunt Ingoldestat [e] et Lutrahahof [e], quas nos quondam Tassiloni beneficiavimus et pertinent ad pagum qui dicitur Northgowe [f], et de Alamannia partem quae in australi ripa Danubii fluminis est, et de ipso fonte [g] Danubii currente limite usque usque ad Hrenum [h] fluvium in confinio pagorum Chletgowe [i] et Hegowe [k] in locum qui dicitur Engi [l] et inde per Hrenum fluvium sursum versus usque ad Alpes : quicquid intra hos terminos fuerit et ad meridiem vel orientem respicit una cum ducatu Curiensi et pago Durgowe [m] Pippino dilecto filio nostro.

3. Quicquid autem de regno nostro extra hos terminos fuerit, id est Franciam et Burgundiam, excepto illa parte quam Hluduwico [n] dedimus atque Alamanniam, excepto portione quam Pippino ascripsimus, Austriam et Niustriam, Turingiam, Saxoniam, Frisiam, et partem Baioariae quae dicitur Northgow, dilecto filio nostro Karolo concessimus; ita ut Karolus et Hluduwicus viam habere possint in Italiam ad auxilium ferendum fratri suo, si ita necessitas extiterit, Karolus per vallem Augustanam, quae ad regnum eius pertinet, et Hluduwicus per vallem Segusianam, Pippinus vero et exitum et ingressum per Alpes Noricas atque Curiam [o].

4. Haec autem tali ordine disponimus, ut si Karolus, qui maior natu est, prius quam caeteri fratres sui diem [p] obierit, pars regni quam habebat dividatur inter Pippinum et Hluduwicum, sicut quondam divisum est inter nos et fratrem nostrum Karlomannum, eo modo ut Pippinus illam portionem habeat quam frater noster Karlomannus habuit, Hluduwicus vero illam partem accipiat quam nos in illa portione suscepimus.

Si vero Karolo et Hluduwico viventibus Pippinus debitum humanae sortis compleverit, Karolus et Hluduwicus dividant inter se regnum quod ille habuit, et haec divisio tali modo fiat, ut ab ingressu Italiae per Augustam civitatem accipiat Karolus Eboreiam, Vercellas, Papiam et inde per Padum [q] fluvium termino currente usque ad fines Regensium et ipsam Regiam et Civitatem Novam atque Mutinam [r] usque ad terminos

e) angoldstat et intrahahaff 3. f) norigorre 3. g) flumine 4; *inde a verbo* fonte *leguntur etiam in cod.* 2. h) rhenum 3. 4; *item infra.* i) ita 4; chlethgáoi 2; vergonree 3. k) hegaoi 2; hegoneroe 3. l) *ita* 2; enge 3. 4. m) durgaoi 2; turgonroe 3; *similiter infra.* n) *ita* 2; ludowico 3. 4; *similiter infra.* o) cureas 3. p) *deest* 3. q) badum 2. r) *hinc inde iterum lacuna in cod.* 2 *usque ad medium cap.* 7, *folio uno absciso.*

sancti Petri. Has civitates cum suburbanis et territoriis suis atque comitatibus quae ad ipsas pertinent et quicquid inde Romam pergenti ad laevam respicit, de regno quod Pippinus habuit, una cum ducatu Spoletano, hanc portionem sicut praediximus accipiat Karolus; quicquid autem a praedictis civitatibus vel comitatibus Romam eunti ad dextram iacet de praedicto regno, id est portionem quae remansit de regione Transpadana una cum ducatu Tuscano[s] usque ad mare australe et usque ad Provinciam, Ludovicus ad augmentum sui regni sortiatur.

Quod si caeteris superstitibus Hluduwicus fuerit defunctus, eam partem Burgundiae quam regno eius adiunximus cum Provincia et Septimania sive Gothia usque ad Hispaniam Pippinus accipiat, Karolus vero Aquitaniam atque Wasconiam.

5. Quod si talis filius cuilibet istorum trium fratrum natus fuerit, quem populus eligere velit ut patri suo in regni hereditate succedat, volumus ut hoc consentiant patrui[t] ipsius pueri[t] et regnare permittant filium fratris sui in portione regni quam pater eius, frater eorum, habuit.

6. Post hanc nostrae auctoritatis dispositionem placuit inter praedictos filios nostros statuere atque praecipere, propter pacem quam inter eos perpetuo permanere desideramus, ut nullus eorum fratris sui terminos vel regni limites invadere praesumat neque fraudulenter ingredi ad conturbandum regnum eius vel marcas minuendas, sed adiuvet unusquisque illorum fratrem suum et auxilium illi ferat contra inimicos eius[u] iuxta rationem et possibilitatem, sive infra[v] patriam sive contra exteras nationes.

7. Neque aliquis illorum hominem fratris sui pro quibuslibet causis sive culpis ad se confugientem suscipiat[w] nec intercessionem quidem pro eo faciat[w], quia[x] volumus ut quilibet homo peccans et intercessione indigens intra regnum domini sui vel ad loca sancta vel ad honoratos homines confugiat et inde iustam intercessionem mereatur.

8. Similiter precipimus, ut quemlibet liberum hominem, qui dominum suum contra voluntatem eius dimiserit et de uno regno in aliud profectus fuerit, neque ipse rex suscipiat neque hominibus suis consentiat, ut talem hominem recipiant vel iniuste retinere praesumant[y].

s) tusculano 3. t) patrui sui 3. u) suos 3 v) contra 3. w) sustineat ad intercessionem pro eo faciendam 3. x) *inde a hoc verbo iterum perg't 2.* y) Hoc non solum de liberis, sed etiam de servis fugitivis statuimus observandum, ut nulla discordiis relinquatur occasio *add.* 3. 4.

9. Quapropter precipiendum nobis videtur, ut post nostrum ex hac mortalitate discessum homines uniuscuiusque eorum accipiant beneficia unusquisque in regno domini sui et non in alterius, ne forte per hoc, si aliter fuerit, scandalum aliquid possit accidere. Hereditatem autem suam habeat unusquisque illorum hominum absque contradictione, in quocunque regno hoc eum legitime habere contigerit.

10. Et unusquisque liber homo post mortem domini sui licentiam habeat se commendandi inter haec tria regna ad quemcunque voluerit; similiter et ille qui nondum alicui commendatus est.

11. De traditionibus autem atque venditionibus que inter partes fieri solent precipimus, ut nullus ex his tribus fratribus suscipiat de regno alterius a quolibet homine traditionem vel venditionem rerum immobilium, hoc est terrarum, vinearum atque silvarum servorumque qui iam casati sunt sive ceterarum rerum quae hereditatis nomine censentur, excepto auro, argento et gemmis, armis ac vestibus nec non et mancipiis non casatis et his speciebus quae proprie ad negotiatores pertinere noscuntur. Caeteris vero liberis hominibus hoc minime interdicendum indicavimus.

12. Si quae autem feminae, sicut fieri solet, inter partes et regna legitime [z] fuerint ad coniugium postulatae, non denegentur iuste poscentibus, sed liceat eas vicissim dare et accipere et adfinitatibus populos inter se sociari. Ipsae vero feminae potestatem habeant rerum suarum in regno unde exierant [a], quamquam [a] in alio propter [b] mariti societatem habitare [c] debeant.

13. De obsidibus autem qui propter credentias dati sunt et a nobis per diversa loca ad custodiendum destinati sunt volumus, ut ille rex in cuius regno sunt absque voluntate fratris sui de cuius regno sublati sunt in patriam eos redire non permittat, sed potius in futurum in suscipiendis obsidibus alter alteri mutuum ferat auxilium, si frater fratrem hoc facere rationabiliter postulaverit; idem iubemus et de his qui pro suis facinoribus in exilium missi vel mittendi sunt.

14. Si causa vel intentio sive [d] controversia [d] talis inter partes propter terminos aut confinia regnorum orta fuerit, quae hominum testimonio declarari vel definiri non possit, tunc volumus ut ad declarationem rei dubiae indicio crucis Dei voluntas et rerum veritas inquiratur, nec

z) *deest* 4. a) exierant gaudere, quamque 3; *codex* 2 *hoc loco incertus*. b) prope 3. c) ubi hab. 3. d) *ita* 4; contr., *om.* sive 3; alicuius controversie 2.

unquam pro tali causa cuiuslibet generis pugna vel campus ad examinationem iudicetur. Si vero quilibet homo de uno regno hominem de altero regno de infidelitate contra fratrem domini sui apud dominum suum accusaverit, mittat eum dominus eius ad fratrem suum, ut ibi comprobet quod de homine illius dixit.

15. Super omnia autem iubemus atque praecipimus, ut ipsi tres fratres curam et defensionem ecclesiae sancti Petri suscipiant simul, sicut quondam ab avo nostro Karolo et beatae memoriae genitore nostro Pippino rege et a nobis postea suscepta est, ut eam cum Dei adiutorio ab hostibus defendere nitantur et iustitiam suam, quantum ad ipsos pertinet et ratio postulaverit, habere faciant. Similiter et de caeteris ecclesiis quae sub illorum fuerint potestate precipimus, ut iustitiam suam et honorem habeant, et pastores atque rectores venerabilium locorum habeant potestatem rerum quae ad ipsa loca pia [e] pertinent, in quocunque de his tribus regnis illarum ecclesiarum possessiones fuerint.

16. Quod si de his statutis atque convenientiis aliquid casu quolibet vel ignorantia, quod non optamus, fuerit irruptum, praecipimus ut quam citissime secundum iustitiam emendare studeant, ne forte propter dilationem maius damnum possit adcrescere.

17. De filiabus autem nostris, sororibus scilicet praedictorum filiorum nostrorum, iubemus, ut post nostrum ab hoc corpore discessum licentiam habeat unaquaeque eligendi sub cuius fratris tutela et defensione se conferre velit. Et qualiscunque ex illis monasticam vitam elegerit, liceat ei honorifice vivere sub defensione fratris sui in cuius regno [f] degere voluerit. Quae autem iuste et racionabiliter a condigno viro ad coniugium fuerit quaesita et ei ipsa coniugalis vita placuerit, non ei denegetur a fratribus suis, si et viri postulantis et feminae consentientis honesta et rationabilis fuerit voluntas.

18. De nepotibus vero nostris, filiis scilicet praedictorum filiorum nostrorum, qui eis vel iam nati sunt vel adhuc nascituri sunt, placuit nobis praecipere, ut nullus eorum per quaslibet occasiones quemlibet ex illis apud se accusatum sine iusta discussione atque examinatione aut occidere aut membris mancare aut excaecare aut invitum tondere faciat; sed volumus ut honorati sint apud patres vel patruos suos et obedientes sint illis cum omni subiectione quam decet in tali consanguinitate esse [g].

e) vel propria *add.* 3. f) domo 3. g) *Hic finis codicis* 2.

19. Hoc postremo statuendum nobis videtur, ut quicquid adhuc de rebus et constitutionibus, quae ad profectum et utilitatem eorum pertinent, his nostris decretis atque praeceptis addere voluerimus, sic a praedictis dilectis filiis nostris observetur atque custodiatur, sicut ea quae in his iam statuta et descripta sunt custodire et conservare praecipimus.

20. Haec autem omnia ita disposuimus atque ex ordine firmare decrevimus, ut quandiu divinae maiestati placuerit nos [h] hanc corporalem agere vitam, potestas nostra sit super a Deo conservatum regnum atque imperium istud, sicut hactenus fuit in regimine atque ordinatione et omni dominatu regali atque imperiali, et ut obedientes habeamus praedictos dilectos filios nostros atque [i] Deo amabilem [i] populum nostrum cum omni subiectione quae patri a filiis et imperatori ac regi a suis populis exhibetur. Amen.

h) *deest* 3. i) et, *om.* Deo amab., 3.

---

# 50. CAPITULARE MISSORUM DE EXERCITU PROMOVENDO.

808 initio.

*E codice decimi saeculi Weissenaugiensi editum est primo ab Heroldo, postremo a Pertzio.*

*Breve vel capitulare est missis quibusdam iniunctum, ut tam certi anni expeditionem indicerent et praepararent quam heribannum ab iis exigerent qui anno antecedenti in exercitum banniti quidem fuerant sed non venerant. Huius antecedentis anni* ordinatio de liberis et pauperioribus *allegatur capite secundo, neque dubitaverim, quin ipsa memoratorio anno 807 edito contineatur, cuius prologo memoratorium* ordinatum *dicitur et cuius capite secundo tam de* liberis *quam de* pauperioribus *constituitur. Quod si verum est, breve nostrum anno 808 adscribi oportet, quo Einhardo teste imperator ipse domi vel Noviomagi vel Aquisgrani resedit et Karolum filium cum valida*

*Francorum et Saxonum manu ad Danos Linonesque debellandos delegavit, quod bene congruit cum iis quae in brevis nostri capite nono statuuntur. Capitulare nostrum iis missis fortasse datum est (cfr. c. 8), qui trans Sequanam delegabantur, cum memoratorium quoque ad Galliam occidentalem spectet.* (*B. I*, 189; *P. I*, 119.)

## Brevis capitulorum quam missi dominici habere debent ad exercitum promovendum.

Ut omnis liber homo, qui quatuor mansos vestitos de proprio suo sive de alicuius beneficio habet, ipse se praeparet et per se in hostem pergat, sive cum seniore suo si senior eius perrexerit sive cum comite suo. Qui vero tres mansos de proprio habuerit, huic adiungatur qui[a] unum mansum habeat et det illi adiutorium, ut ille pro ambobus possit. Qui autem duos habet de proprio tantum, iungatur illi alter qui similiter duos mansos habeat, et unus ex eis, altero illum adiuvante, pergat in hostem. Qui etiam tantum unum mansum de proprio habet, adiungantur ei tres qui similiter habeant et dent ei adiutorium, et ille pergat tantum; tres vero qui illi adiutorium dederunt domi remaneant.

2. Volumus atque iubemus, ut idem missi nostri diligenter inquirant, qui anno praeterito de hoste bannito remansissent super illam ordinationem[1] quam modo superius comprehenso de liberis et pauperioribus hominibus fieri iussimus; et quicumque fuerit inventus, qui nec parem suum ad hostem suum faciendum secundum nostram iussionem adiuvit neque perrexit, haribannum nostrum pleniter rewadiet et de solvendo illo secundum legem fidem faciat.

3. Quod si forte talis homo inventus fuerit qui dicat, quod iussione comitis vel vicarii aut centenarii sui hoc quo[b] ipse semetipsum praeparare debeat eidem comiti vel vicario aut centenario vel quibuslibet hominibus eorum dedisset et propter hoc illud demisisset iter et missi nostri hoc ita verum esse investigare potuerint, is per cuius iussionem ille remansit bannum nostrum rewadiet atque persolvat, sive sit comes sive vicarius sive advocatus episcopi atque abbatis.

a) qui *om. c.*  b) quoque *c.*

1) *Memorat. de exerc. praepar.* 807.

4. De hominibus comitum casatis isti sunt excipiendi et bannum rewadiare[c] non iubeantur: duo qui dimissi fuerunt cum uxore illius et alii duo qui propter ministerium eius custodiendum et servitium nostrum faciendum remanere iussi sunt. In qua causa modo praecipimus, ut quanta ministeria unusquisque comes habuerit totiens duos homines ad ea custodienda domi dimittat, praeter illos duos quos cum uxore sua; ceteros vero omnes secum pleniter habeat vel, si ipse domi remanserit, cum illo qui pro eo in hostem proficiscitur dirigat[d]. Episcopus vero vel abbas duo tantum de casatis et laicis hominibus suis domi dimittant.

5. De hominibus nostris et episcoporum et abbatum, qui vel beneficia vel talia propria habent, ut ex eis secundum iussionem in hostem bene possunt pergere, exceptis his quos eis secum domi remanere permisimus, si aliqui inventi fuerint, qui vel pretio se redemissent vel dominis[e] suis permittentibus domi remansissent, bannum nostrum sicut superius dictum est[f], et fidem faciant ac[g] persolvant. Domini vero eorum qui eos domi remanere permiserint[h] vel ministeriales eorum qui ab eis precium acceperunt similiter bannum nostrum rewadient[i] et fidem faciant, usque dum nobis nuntiatum fuerit.

6. Volumus ut missi nostri diligenter inquirant, in quibus locis hoc factum sit quod ad nos pervenit[k], quod quidam homines, postquam secundum nostram iussionem sociis suis qui in hostem perrexerunt de stipendia sua adiutorium fecerunt, iubente comite vel ministerialibus eius propter se redimendum pretium dederunt, ut eis domi remanere licuisset, cum illi in hostem ire non deberent, quia iam sociis suis constitutum a nobis adiutorium dederunt: hoc fiat investigatum et nobis nuntiatum.

7. Volumus ut isti missi nostri qui hac legatione fungi debent ab his hominibus coniectum[2] accipiant qui in hostem pergere debuerunt et non perrexerunt; similiter et a comite vel vicario vel centenario, qui ad hoc consenserunt ut domi remansissent necnon et ab omnibus praedictum coniectum accipiant, qui anno praeterito constitutam a nobis exercitalis itineris iussionem irritam fecerunt.

c) rewardiare *c.* d) dirigatur *c.* e) domibus *c.* f) rewadient *add. P.; quol sane subintellegendum est secundum c.* 2. 3. g) *fortasse* ut *corrigendum est; cfr. supra c.* 2. h) permiserit *c.* i) rewadiant *c.* k) pertinet *c.*

2) *Cfr. infra Capitulare* 57, *c.* 2.

8. Istius capitularii exemplaria quatuor volumus ut scribantur : et unum habeant missi nostri, alterum comes in cuius ministeriis haec facienda sunt, ut aliter non faciant neque missus noster neque comes nisi sicut a nobis capitulis ordinatum est, tertium habeant missi nostri qui super exercitum nostrum constituendi sunt, quartum habeat cancellarius noster.

9. Volumus ut homines fidelium nostrorum, quos nobiscum vel[l] ad servitium nostrum domi remanere[m] iussimus, in exercitum ire non compellantur, sed et ipsi domi remaneant vel in servitio dominorum suorum. Neque haribannum rewadiare iubeantur illi homines qui anno praeterito nobiscum fuerunt.

l) vel. *om. c.* m) reservare *c.*

---

# 74. CAPITULARE BONONIENSE.

## 811 Oct.

*Editur capitulare hoc de rebus exercitalibus (caput 9 tantum praesenti anno valere dicitur) e codicibus* 1) *Paris.* 4995. *fol.* 33 v. 2) *Paris.* 9654. *fol.* 28., 3) *Vaticano inter Palatin.* 582. *fol.* 31. 4) *Vatican. inter codd. reg. Christinae* 1036. *fol.* 48 v. — *Codex etiam Vatican. reg. Christ.* 1728 *sc. XVII. scriptus capitulare continet.*

*Ad huius capitularis originem illustrandam haec annalium Einhardi dictorum ad a.* 811 *verba pertinent :* Ipse (imperator) autem interea propter classem quam anno superiore fieri imperavit videndam ad Bononiam civitatem maritimam, ubi eaedem naves congregatae erant, accessit farumque ibi ad navigantium cursus dirigendos antiquitus constitutam restauravit et in summitate eius nocturnum ignem accendit. Inde ad Scaldim fluvium veniens in loco qui Ganda vocatur naves ad eandem classem aedificatas aspexit et circa medium Novembrium Aquas venit. (*B. I,* 493; *P. I.* 172.)

## Capitula [a] quae domnus imperator constituit Bononiae quae est in littore maris anno regni sui XLIV. mense Octobrio indictione quinta [b].

Quicumque [c] liber homo in hostem bannitus fuerit et venire contempserit, plenum heribannum [d], id est solitos sexaginta, persolvat, aut si non habuerit unde illam summam persolvat semetipsum pro wadio in servitium principis tradat [1], donec per tempora ipse bannus ab eo fiat persolutus; et tunc iterum ad statum libertatis suae revertatur. Et si ille homo qui se propter heribannum in servitium tradidit in illo servitio defunctus fuerit, heredes eius hereditatem, quae ad eius pertinent, non perdant nec libertatem [2], nec de ipso heribanno [d*] obnoxii fiant.

2. Ut non per aliquam occasionem, nec de wacta nec de scara nec de warda nec pro heribergare [e] neque pro alio banno, heribannum comis exactare praesumat, nisi missus noster prius heribannum ad partem nostram recipiat [3] et ei suam tertiam partem exinde per iussionem nostram donet. Ipse vero heribannus non exactetur neque in terris neque in mancipiis, sed in auro et argento, palleis [f] adque armis et animalibus atque pecoribus [g] sive talibus [h] speciebus quae ad utilitatem pertinent [4].

3. Quicumque homo nostros honores habens [i] in ostem bannitus fuerit et ad condictum placitum non venerit, quot diebus post placitum condictum venisse conprobatus fuerit, tot diebus abstineat a carne et vino.

4. Quicumque absque licentia vel permissione principis de hoste reversus fuerit, quod factum Franci herisliz [k] dicunt, volumus ut antiqua constitutio id est capitalis sententia erga illum puniendum custodiatur [5].

a) Incipiunt cap. 4. b) VI, 2. 3. c) *In cod. 4 capitulis rubricae praefiguntur e tertio Ansegisi libro desumtae.* d) heirbannum 1; *item infra.* d*) banno 4. e) heirbare 1; heirbergare 4. f) *sic* 1—4; *fortasse* panis *corrig. secundum Cap. Theodonisv.* 805. II, *c.* 19. g) pecudibus 2. 3. h) utilis 1. i) *deest* 2. 3. k) heriscliz 1. 4.

1) *Cfr. supra cap. ab A... servata* 810. 811, *c.* 3. 2) *Capit. legib. add.* 803, *c.* 8. 3) *Cfr. cap. de reb. exercit.* 811, *c.* 6. 4) *Cfr. capit. Theodonisv.* 805. II, *c.* 19. 5) *Cfr. capit. miss. Aquisgr.* 810. I, *c.* 13.

5. Quicumque ex his[l] qui beneficium principis habent parem suum contra hostes communes in exercitu pergentem dimiserit et cum eo ire vel stare noluerit, honorem suum et beneficium perdat.

6. Ut in hoste nemo parem suum vel quemlibet alterum hominem bibere roget[6]. Et quicumque in exercitu ebrius inventus fuerit, ita excommunicetur, ut in bibendo sola aqua utatur, quousque male fecisse cognoscat.

7. De vassis[m] dominicis qui adhuc intra casam serviunt et tamen beneficia habere noscuntur statutum est, ut quicumque ex eis cum domno imperatore domi remanserint vassallos suos casatos secum non retineant, sed cum comite cuius pagenses sunt ire permittat[7].

8. Constitutum est, ut secundum antiquam consuetudinem praeparatio ad hostem faciendam indicaretur et servaretur, id est victualia de marca ad tres menses et arma atque vestimenta ad dimidium annum[8]. Quod tamen ita observari placuit, ut his qui de Reno ad Ligerem pergunt, de Ligere initium victus[n] sui conputetur; his vero qui de Ligere ad Renum iter faciunt; de Reno trium mensium victualia habenda esse dicatur[o]; qui autem trans Renum sunt et per Saxoniam pergunt, ad Albiam[p] marcam esse sciant; et qui trans Ligerem manent, atque in Spaniam proficisci debent, montes Pirineos marcam sibi esse cognoscant.

9. Quicumque liber homo inventus fuerit anno praesente cum seniore suo in hoste non fuisse, plenum heribannum persolvere cogatur[9]. Et si senior vel comis illius eum domi dimiserit, ipse pro eo[q] eundem bannum persolvat; et tot heribanni ab eo exigantur, quot homines domi dimisit. Et quia nos anno praesente unicuique seniori[r] duos homines quos domi dimitteret concessimus, illos volumus ut missis nostris ostendant, quia his[s] tantummodo heribannum concedimus[10].

10. Constitutum est, ut nullus episcopus aut abbas aut abbatissa vel quislibet rector aut custos aecclesiae bruniam vel gladium sine nostro permisso cuilibet homini extraneo aut dare aut venundare praesumat, nisi tantum vassallis suis. Et si evenerit, ut in qualibet eccle-

l) eis 2. 3. m) vasallis 1. n) viatus 1. o) denoscatur 2. 3. p) libiam 2. 3. q) eo *om.* 1. 4. r) seniorum 1. s) hisque 1.

6) *Cfr. capit. missor.* 803, *c.* 16. 7) *Cfr. cap. missor. de exerc. prom.* 808, *c.* 9. 8) *Cfr infra Karoli ad Fulr. abb. epist.* 804—811. 9) *Cfr. contra. Cap. Theodonisv.* 805. II, *c.* 19. 10) *Cfr. Cap. missor. de exerc. prom.* 808, *c.* 3. 5.

sia vel in sancto loco plures brunias habeat quam ad homines rectores[s*] eiusdem ecclesiae sufficiant, tunc principem idem[t] rector[u] ecclesiae interroget, quid de his fieri debeat[v].

11. Ut quandocumque navigium mittere volumus, ipsi seniores in ipsis navibus[w] pergant, et ad hoc sint praeparati.

s*) rectoris *corrig. videtur.* t) id est 1—3. u) rectorem 3; rectoris 4. v) precipiat 2. 3. w) navigibus 1.

---

# 136. ORDINATIO IMPERII.

## 817. mense Iulio.

*Legitur in unico codice Paris.* 2718. *fol.* 76 *inscripta verbis :* « Divisio imperii domni Hludowici inter dilectos filios suos inter Hlotharium et videlicet et Pippinum et Hludowicum anno quarto imperii sui. »

*Capitulare divisionem a.* 806 *a Karolo factam pluribus respicit et interdum verba ipsius repetit;* « divisio » *autem minus recte a codicis nostri scriptore aliisque saeculi noni auctoribus appellatur, cum ipse imperator in praefatione dicat :* « nequaquam nobis visum fuit, ut unitas imperii divisione humana scinderetur. » *De hoc documento referunt Einhardi annales dicti ad annum* 821 : « conventus mense Maio Noviomagi habendus condictus est. Eo domnus imperator navigavit ibique constitutam annis superioribus atque conscriptam inter filios suos regni partitionem recensuit ac iuramentis optimatum qui tunc adesse potuerant confirmavit... Medio mense Octobrio conventus generalis ad Theodonis villam magna populi Francorum frequentia celebratur... et sacramento quod apud Noviomagum pars optimatum iuraverat generaliter consummato ipse (Hludowicus) Aquasgrani revertitur. » — *Caeterum de huius capitularis a Cointio* (*Ann. eccl. Franc. VII*, 470) *immerito pro commentitio rejecti origine vide supra in praefatione nostra pag.* 265. (*B. I*, 573; *P. I*, 198.)

In nomine domini Dei et salvatoris [nostri[a] Iesu Christi Hludowicus, divina ordinante providentia imperator augustus.]

Cum nos in Dei nomine anno incarnationis Domini octingentesimo septimo decimo, indictione decima annoque imperii nostri quarto, mense Iulio, Aquisgrani palatio nostro more solito sacrum conventum et generalitatem populi nostri propter ecclesiasticas vel totius imperii nostri utilitates petractandas congregassemus et in his studeremus, subito divina inspiratione actum est, ut nos fideles nostri ammonerent, quatenus manente nostra incolomitate et pace undique a Deo concessa de statu totius regni et de filiorum nostrorum causa more parentum nostrorum tractaremus. Sed quamvis haec admonitio devote ac fideliter fieret, nequaquam nobis nec his qui sanum sapiunt visum fuit, ut amore filiorum aut gratia unitas imperii a Deo nobis conservati divisione humana scinderetur, ne forte hac occasione scandalum in sancta ecclesia oriretur et offensam illius in cuius potestate omnium iura regnorum consistunt incurreremus. Idcirco necessarium duximus, ut ieiuniis et orationibus et elemosinarum largitionibus apud illum obtineremus quod nostra infirmitas non praesumebat. Quibus rite per triduum celebratis, nutu omnipotentis Dei, ut credimus, actum est, ut et nostra et totius populi nostri in dilecti primogeniti nostri Hlutharii electione vota concurrerent. Itaque taliter divina dispensatione manifestatum placuit et nobis et omni populo nostro, more solemni imperiali diademate coronatum nobis et consortem et successorem imperii, si Dominus ita voluerit, communi voto constitui. Ceteros vero fratres eius, Pippinum videlicet et Hludowicum aequivocum nostrum, communi consilio placuit regiis insigniri nominibus, et loca inferius denominata constituere, in quibus post decessum nostrum sub seniore fratre regali potestate potiantur iuxta inferius adnotata capitula, quibus, quam inter eos constituimus, conditio continetur. Quae capitula propter utilitatem imperii et perpetuam inter eos pacem conservandam et totius ecclesiae tutamen cum omnibus fidelibus nostris considerare placuit et considerata conscribere et conscripta propriis manibus firmare, ut, Deo opem ferente, sicut ab omnibus communi voto actum est, ita communi devotione a cunctis inviolabiliter conserventur ad illorum et totius populi christiani perpetuam pacem;

a) *Loco verborum uncis inclusorum leguntur in codice* et caet.; *inscriptionem e constitutione proxime post edito supplevi.*

salva in omnibus nostra imperiali potestate super filios[1] et populum nostrum, cum omni subiectone quae patri a filiis et imperatori ac regi a suis populis exhibetur.

Cap. 1. Volumus ut Pippinus habeat Aquitaniam[b] et Wasconiam et markam Tolosanam totam et insuper comitatos quatuor, id est in Septimania Carcassensem et in Burgundia Augustudunensem et[c] Avalensem et Nivernensem.

2. Item Hludowicus volumus ut habeat Baioariam et Carentanos et Beheimos et Avaros atque Sclavos qui ab orientali parte Baioariae sunt, et insuper duas villas dominicales ad suum servitium in pago Nortgaoe Luttraof[2] et Ingoldesstat.

3. Volumus ut hi duo fratres qui regis nomine censentur in cunctis honoribus intra suam potestatem distribuendis propria potestate potiantur, tantum ut in episcopatibus et abbatiis ecclesiasticus ordo teneatur et in ceteris honoribus dandis honestas et utilitas servetur.

4. Item volumus ut semel in anno tempore oportuno vel simul vel singillatim, iuxta quod rerum conditio permiserit, visitandi et videndi et de his quae necessaria sunt et quae ad communem utilitatem vel ad perpetuam pacem pertinent mutuo fraterno amore tractandi gratia ad seniorem fratrem cum donis suis veniant. Et si forte aliquis illorum qualibet inevitabili necessitate impeditus venire tempore solito et oportuno nequiverit, hoc seniori fratri legatos et dona mittendo significet; ita dumtaxat, ut, cum primum possibilitas congruo tempore adfuerit, venire qualibet cabillatione non dissimulet.

5. Volumus atque monemus, ut senior frater, quando ad eum aut unus aut ambo fratres sui cum donis, sicut praedictum est, venerint, sicut ei maior potestas Deo annuente fuerit adtributa, ita et ipse illos pio fraternoque amore largiori dono remuneret.

6. Volumus atque iubemus, ut senior frater iunioribus fratribus suis, quando contra exteras nationes auxilium sibi ferre rationabiliter expetiverint, iuxta quod ratio dictaverit et temporis oportunitas permi-

b) Aequitaniam *prima manu.* c) et *postea deletum est.*

1) *Verba inde a* filios *usque ad prologi finem desumta sunt e divisionis anno* 806 *constitutae capite ultimo.* 2) *Lauterhofen et Ingolstadt, quas villas Tassilo depositus in beneficium acceperat; cfr. divisio* 806, *c.* 2.

serit, vel per se ipsum vel per fideles missos et exercitus suos oportunum eis auxilium ferat.

7. Item volumus ut nec pacem nec bellum contra exteras et huic a Deo conservato imperio inimicas nationes absque consilio et consensu senioris fratris ullatenus suscipere praesumant. Impetum vero ostium subito insurgentium vel repentinas incursiones iuxta vires per se repellere studeant.

8. De legatis vero, si ab exteris nationibus vel propter pacem faciendam vel bellum suscipiendum vel civitates aut castella tradenda vel propter alias quaslibet maiores causas directi fuerint, nullatenus sine senioris fratris conscientia ei respondeant vel eos remittant· Si autem ad illum de quacumque parte missi directi fuerint, ad quemlibet illorum primo pervenerint, honorifice eos cum fidelibus missis usque ad eius praesentiam faciat pervenire; de levioribus sane causis iuxta qualitatem legationis per se respondeant. Illud tamen monemus, ut, quomodocumque se res in confinibus eorum habuerint, semper ad senioris fratris notitiam perferre non neglegant, ut ille semper sollicitus et paratus inveniatur ad quaecumque necessitas et utilitas regni postulaverit.

9. Praecipiendum [3] etiam nobis videtur, ut post decessum nostrum uniuscuiusque vasallus tantum in potestate domini sui beneficium propter discordias evitandas habeat, et non in alterius; proprium autem suum et hereditatem, ubicumque fuerit, salva iustitia cum honore et securitate secundum suam legem unusquisque absque iniusta inquietudine possideat. Et [4] licentiam habeat unusquisque liber homo, qui seniorem non habuerit, cuicumque ex his tribus fratribus voluerit se commendandi.

10. Si autem, et quod Deus avertat et quod nos minime optamus, evenerit, ut aliquis illorum propter cupiditatem rerum terrenarum, quae est radix omnium malorum, aut divisor aut obpressor ecclesiarum vel pauperum extiterit aut tyrannidem, in qua omnis crudelitas consistit, exercuerit, primo secreto secundum Domini praeceptum [5] per fideles legatos semel, bis et ter de sua emendatione commoneatur, ut, si his renisus fuerit, accersitus a fratre coram altero fratre paterno et fraterno amore moneatur et castigetur. Et si hanc salubrem admonitionem penitus spreverit, communi omnium sententia quid de illo agendum sit decerna-

3) *Cfr. divisio* 806, *c.* 9. 4) *Cfr. divisio* 806, *c.* 10. 5) *Evang. Matth.* 18, 15.

tur; ut, quem salubris ammonitio a nefandis actibus revocare non potuit, imperialis potentia communisque omnium sententia coherceat.

11. Rectores vero ecclesiarum de Francia talem potestatem habeant rerum ad illas pertinentium, sive in Aquitania sive in Italia sive in aliis regionibus ac provintiis huic imperio subiectis, qualem tempore genitoris nostri habuerunt vel nostro habere noscuntur.

12. De tributis vero et censibus vel metallis, quicquid in eorum potestate exigi vel haberi potuerit[d], ipsi habeant, ut ex his in suis necessitatibus consulant et dona seniori fratri deferenda melius praeparare valeant.

13. Volumus etiam ut, si alicui illorum post decessum nostrum tempus nubendi venerit, ut cum consilio et consensu senioris fratris uxorem ducat; illud tamen propter discordias evitandas et occasiones noxias auferendas cavendum decernimus, ut de exteris gentibus nullus illorum uxorem accipere praesumat. Omnium vero homines propter pacem artius conligandam, ubicumque inter partes elegerint, uxores ducant[6].

14. Si vero aliquis illorum decedens legitimos filios reliquerit, non inter eos potestas ipsa dividatur; sed potius populus pariter conveniens unum ex eis, quem Dominus voluerit, eligat; et hunc senior frater in loco fratris et filii suscipiat et, honore paterno sublimato, hanc constitutionem erga illum modis omnibus conservet[7]. De ceteris vero liberis pio amore pertractent, qualiter eos more parentum nostrorum salvent et cum consilio habeant.

15. Si vero absque legitimis liberis aliquis eorum decesserit, potestas illius ad seniorem fratrem revertatur. Et si contigerit illum habere liberos ex concubinis, monemus ut erga illos misericorditer agat.

16. Si vero alicui illorum contigerit, nobis decedentibus, ad annos legitimos iuxta Ribuariam legem[8] nondum pervenisse, volumus ut, donec ad praefinitum annorum terminum veniat, quemadmodum modo a nobis sic a seniore fratre et ipse et regnum eius procuretur atque gubernetur. Et cum ad legitimos annos pervenerit, iuxta taxatum modum sua potestate in omnibus potiatur.

17. Regnum vero Italiae eo modo praedicto filio nostro, si Deus

d) potérit *corr. c.*

6) *Cfr. divisio* 806, *c.* 12. 7) *Cfr. divisio* 806, *c.* 5. 8) *Cfr. lex Rib.* 81 (83).

voluerit ut successor noster existat, per omnia subiectum sit, sicut et patri nostro fuit et nobis Deo volente praesenti tempore subiectum manet.

18. Monemus etiam totius populi nostri devotionem et sincerissimae fidei pene apud omnes gentes famosissimam firmitatem, ut, si is filius noster qui nobis divino nutu successerit, absque legitimis liberis rebus humanis excesserit, propter omnium salutem et ecclesiae tranquillitatem et imperii unitatem in elegendo uno ex liberis nostris, si superstites fratri suo fuerint, eam quam in illius electione fecimus conditionem imitentur 9), quatenus in eo constituendo non humana sed Dei quaeratur voluntas adimplenda.

9) *Ieiuniis et orationibus et elemosinarum largitionibus, uti supra in praefatione legitur.*

---

# 172. PACTUM HLUDOWICI PII CUM PASCHALI PONTIFICE.

817.

*In annalibus Einhardi dictis ad annum 817 leguntur haec :* « Stefanus papa tertio postquam Romam venerat mense sed nondum exacto circiter VIII, Kal. Febr. diem obiit. Cui Paschalis successor electus, post completam solemniter ordinationem suam et munera et excusatoriam imperatori misit epistolam, in qua sibi non solum nolenti, sed etiam plurimum renitenti pontificatus honorem velut inpactum adseverat. Missa tamen alia legatione, pactum quod cum praecessoribus suis factum erat etiam secum fieri et firmari rogavit. Hanc legationem Theodorus nomenclator et detulit, et ea quae petierat impetravit. » *Pactum tale in annalibus commemoratum cardinalis Deusdedit in canonum collectione anno 1086 vel 1087 facta libro III. cap. 152, quam e codice Vaticano 3833 anno 1869 edidit Martinucci, tradidit. Eadem pacti forma exstat in Anselmi Lucensis canonum collectione illa ipsa aetate scripta, item in Cencii camerarii (postea Honorii III.*

*a.* 1216—1227) *libro censuum ecclesiae Romanae fol.* 105—108 (*edidit Theiner, in codice diplom. dominii temporalis sanctae sedis tom. I, pag.* 2—4) *necnon in compluribus aliis saeculi duodecimi codicibus, ex. gr. Vat.* 1984, *Ottob.* 3057. *Saepe hoc pactum pro supposito habitum est neque dubitari potest, pacti formam in codicibus traditam minime esse authenticam; tam initio quam sub fine haud dubie pactum abbreviatum est, et in ipso contextu verba quae de insulis Corsica, Sardinia, Sicilia pontifici confirmatis leguntur absque dubitatione, fortasse alia etiam, falso vel mutata vel inserta sunt. Plurima vero quae in pacto leguntur dubitationem non movent: potius tam ea quae de terris pontifici Romano concessis, quam ea quae de pontifice Romano elegendo in pacto statuuntur non contraria immo consentanea sunt iis quae aliunde de pontificis Romani dominio temporali et electione, qualia Hludowici aetate erant, collegi possunt. Quibus de rebus conferenda sunt quae disseruerunt Iulius Ficker in « Forschungen zur Reichs- und Rechtsgeschichte Italiens » tomo II. pag.* 299. 300. 332—353, *Wilhelm Martens in « Die roemische Frage unter Pippin und Karl dem Grossen* 1881 » *pag.* 7. 223—233 *et Paul Hinschius in « Das Kirchenrecht der Katholiken und Protestanten in Deutschland » I. p.* 232. *Caeterum ea etiam quae de Itherio et Magenario abbatibus et missis itemque de Theodoro nomenclatore in pacto dicuntur omnino confirmantur epistolis et annalibus Karoli et Hludowici aetate scriptis. Denique eo quoque pacti nostri fides quodammodo munitur, quod Otto I. imperator in confirmationis decreto, ut videtur, genuino pacti quod Hludowico tribuitur verba plerumque repetit, omissis sane iis quae de insulis Corsica et reliquis in pacto nostro dicuntur. Ita igitur pacti quidem forma quae a canonum collectoribus, a Cencio camerario et in codicibus manuscriptis traditur genuina non habenda est, ipsius autem auctor pactum authenticum vel eius apographum prae se habuisse ipsumque abbreviasse et in paucis tantum mutavisse videtur.*

*Editur hic pactum secundum textum quem novissime (Innsbruck* 1883) *ope codicum in quibus Deusdedit et Anselmi Lucensis collectiones continentur paravit Theodor Sickel in libro « Das Privilegium Otto I. für die roemische Kirche vom Jahre* 962 », *pag.* 173—177; *in ipso libro pag.* 50—102 *idem editor etiam de hoc pacto, qualiter in codicibus et collectionibus traditum sit, accurate disseruit.*

(*B. I*, 501; *P. II* [b], 9.)

In nomine domini Dei omnipotentis, patris et filii et spiritus sancti.

Ego Hludowicus, imperator augustus, statuo et concedo per hoc pactum confirmationis nostrae tibi beato Petro principi apostolorum, et per te vicario tuo domno Paschali summo pontifici et universali papae et successoribus eius in perpetuum, sicut a predecessoribus vestris usque nunc in vestra potestate et ditione tenuistis et disposuistis, civitatem Romanam cum ducatu suo et suburbanis atque viculis omnibus et territoriis eius montanis ac maritimis, littoribus ac portubus seu cunctis civitatibus, castellis, oppidis ac viculis in Tusciae [1] partibus, id est Portum, Centumcellas, Chere, Bledam, Manturanum, Sutrium, Nepe, castellum Gallisem, Hortem, Polimartium, Ameriam, Todem, Perusium cum tribus insulis suis, id est maiorem et minorem, Pulvensim, Narniam, Utriculum, cum omnibus finibus ac territoriis ad suprascriptas civitates pertinentibus.

Simili modo in partibus Campaniae Segniam, Anagniam, Ferentinum, Alatrum, Patricum, Frisilunam, cum omnibus finibus Campaniae, necnon et Tiburim cum omnibus finibus ac territoriis ad easdem civitates pertinentibus.

Necnon et exarchatum Ravennatem sub integritate cum urbibus, civitatibus, oppidis et castellis quae pie recordationis domnus Pipinus rex ac bone memoriae genitor noster Karolus imperator beato Petro apostolo et predecessoribus vestris iamdudum dudum per donationis paginam restituerint, hoc est civitatem Ravennam et Emiliam: Bobium, Cesenam, Forumpopuli, Forumlivii, Faventiam, Immolam, Bononiam, Ferrariam, Comiaclum et Adrianis quae [a] et Gabelum, cum omnibus finibus, territoriis atque insulis terra marique ad supradictas civitates pertinentibus. Simul et Pentapolim, videlicet Ariminum, Pisaurum, Fanum, Senogalliam, Anconam, Ausimum, Humanam, Hesim,

a) quae *delendum videtur*.

1) *scilicet suburbicariae vel Romanorum.*

Forumsimpronii, Montemferetri, Urbinum et territorium Valvense, Callem, Luceolis, Egubium cum omnibus finibus ac terris ad easdem civitates pertinentibus. Eodem modo territorium Sabinense, sicut a genitore nostro Karolo imperatore beato Petro apostolo per donationis scriptum concessum est sub integritate, quemadmodum ab Itherio[2] et Magenario abbatibus, missis illius, inter idem territorium Sabinense atque Reatinum definitum est.

Item in partibus Tusciae Longobardorum castellum Felicitatis, Urbivetum, Balneum regis, Ferenti, castrum Viterbum, Orclas, Martam, Tuscanam, Suanam, Populonium, Rosellas, et insulas Corsicam,[b] Sardiniam et Siciliam sub integritate cum omnibus adiacentibus ac territoriis maritimis, litoribus, portubus ad suprascriptas civitates et insulas pertinentibus.

Item in partibus Campaniae Soram, Arces, Aquinum, Arpinum, Theanum et Capuam et patrimonia ad potestatem et ditionem vestram pertinentia, sicut est patrimonium Beneventanum et Salernitanum et patrimonium Calabriae inferioris et superioris et patrimonium Neapolitanum et ubicumque in partibus regni atque imperii a Deo nobis commissi patrimonia vestra esse noscuntur.

Has omnes suprascriptas provincias, urbes et civitates, oppida atque castella, viculos ac territoria simulque et patrimonia iamdictae ecclesiae tuae, beate Petre apostole, et per te vicario tuo spirituali patri nostro, domno Paschali summo pontifici et universali papae eiusque successoribus usque in finem seculi eo modo confirmamus, ut in suo detineant iure principatu ac ditione.

Simili modo per hoc nostrae confirmationis decretum firmamus donationes, quas pie recordationis domnus Pipinus rex avus noster, et postea domnus et genitor noster Karolus imperator beato apostolo Petro spontanea voluntate contulerunt, necnon et censum et pensionem seu ceteras dationes,[c] quae annuatim in palatium regis Longobardorum inferri solebant, sive de Tuscia Longobardorum, sive de ducatu Spoletino, sicut in suprascriptis donationibus continetur, et inter sanctae memoriae Adrianum papam et domnum ac genitorem nostrum

b) Martam *add. collectio Deusdedit.* c) pensiones *coll. Deusdedit.*

2) *Cfr. de his Karoli Magni missis Cod. Carolinus ed. Jaffé epist.* 70—74, *praesertim epist.* 72.

Karolum imperatorem convenit, quando idem pontifex eidem de suprascriptis ducatibus id est Tuscano et Spoletino, suae auctoritatis preceptum confirmavit, eo scilicet modo, ut annis singulis predictus census ecclesiae beati Petri apostoli persolvatur, salva super eosdem ducatus nostra in omnibus dominatione et illorum ad nostram partem subiectione.

Ceterum, sicut diximus, omnia superius nominata ita ad vestram partem per hoc nostrae confirmationis decretum roboramus, ut in vestro vestrorumque successorum permaneant iure, principatu atque ditione, ut neque a nobis neque a filiis vel successoribus nostris per quodlibet argumentum sive machinationem in quacumque parte minuatur vestra potestas aut vobis de suprascriptis omnibus vel successoribus vestris inde aliquid subtrahatur, de suprascriptis videlicet provinciis, urbibus, civitatibus, oppidis, castris, viculis, insulis, territoriis atque patrimoniis, necnon et pensionibus atque censibus, ita ut neque nos ea subtrahamus, neque quibuslibet subtrahere volentibus consentiamus, sed potius omnia que superius leguntur, id est provincias, civitates, urbes, oppida, castella, territoria et patrimonia atque insulas, censusque et pensiones ecclesiae beati Petri apostoli et pontificibus in sacratissima illius sede in perpetuum residentibus, in quantum possumus, nos defendere promittimus ad hoc, ut omnia ea in illius ditione ad utendum fruendum atque disponendum firmiter valeant optineri; nullamque in eis nobis partem aut potestatem disponendi vel iudicandi subtrahendive aut minorandi vendicamus, nisi quando ab illo qui eo tempore huius sanctae ecclesiae regimen tenuerit rogati fuerimus. Et si quilibet homo de supradictis civitatibus ad vestram ecclesiam pertinentibus ad nos venerit, subtrahere se volens de vestra ditione et potestate, vel aliam quamlibet iniquam machinationem metuens aut culpam commissam fugiens, nullo modo eum aliter recipiemus nisi ad iustam pro eo faciendam intercessionem, ita dumtaxat si culpa quam commisit venialis fuerit inventa ; sin aliter, comprehensum vestre potestati eum remittamus : exceptis his qui violentiam vel oppressionem potentiorum passi ideo ad nos venerint, ut per nostram intercessionem iustitiam accipere mereantur; quorum altera conditio est et a superioribus est valde disiuncta.

Et quando divina vocatione huius sacratissimae sedis pontifex de hoc mundo migraverit, nullus ex regno nostro aut Francus aut Longobardus aut de qualibet gente homo sub nostra potestate constitutus, licentiam habeat contra Romanos aut publice aut private veniendi vel electionem faciendi; nullusque in civitatibus vel territoriis ad ecclesiae beati Petri apostoli potestatem pertinentibus aliquod malum propter hoc facere presumat. Sed liceat Romanis cum omni veneratione et sine qualibet perturbatione honorificam suo pontifici exibere sepulturam, et eum quem divina inspiratione et beati Petri intercessione omnes Romani uno consilio atque concordia sine aliqua promissione ad pontificatus ordinem elegerint sine qualibet ambiguitate vel contradictione more canonico consecrari. Et dum consecratus fuerit, legati ad nos vel ad successores nostros reges Francorum dirigantur, qui inter nos et illos amicitiam et caritatem ac pacem socient, sicut temporibus pie recordationis domni Karoli attavi nostri, seu domni Pepini avi nostri vel etiam domni Karoli imperatoris genitoris nostri consuetudo erat faciendi.

Hoc autem ut ab omnibus fidelibus sanctae Dei ecclesiae et [illegible]stris firmum esse credatur, firmiusque per futuras generationes ac sec[illegible]n-tura custodiatur, propriae manus signaculo, et venerabilium epi[illegible]um atque abbatum vel etiam optimatum nostrorum sub iureiur[illegible]ro-missionibus et subscriptionibus pactum istud nostrae c[illegible]ionis roboravimus et per legatum sanctae Romanae ecclesiae [illegible]dorum[3] nomenculatorem domno Paschali papae direximus.

(*Manus signaculum.*) Ego Hludowicus, misericordia Dei imperator, subscripsi.

Et subscripserunt tres filii eius, et episcopi X et abbates VIII, et comites XV, et bibliothecarius unus et mansionarius et hostiarius unus.

3) *Cfr. Einh. ann. ad a.* 817 *supra in praefatione nostra.*

# INDEX





Mâcon, imprimerie Protat frères.

MACON, TYP. ET LITH. PROTAT FRÈRES

Contraste insuffisant

**NF Z 43**-120-14

Reliure serrée

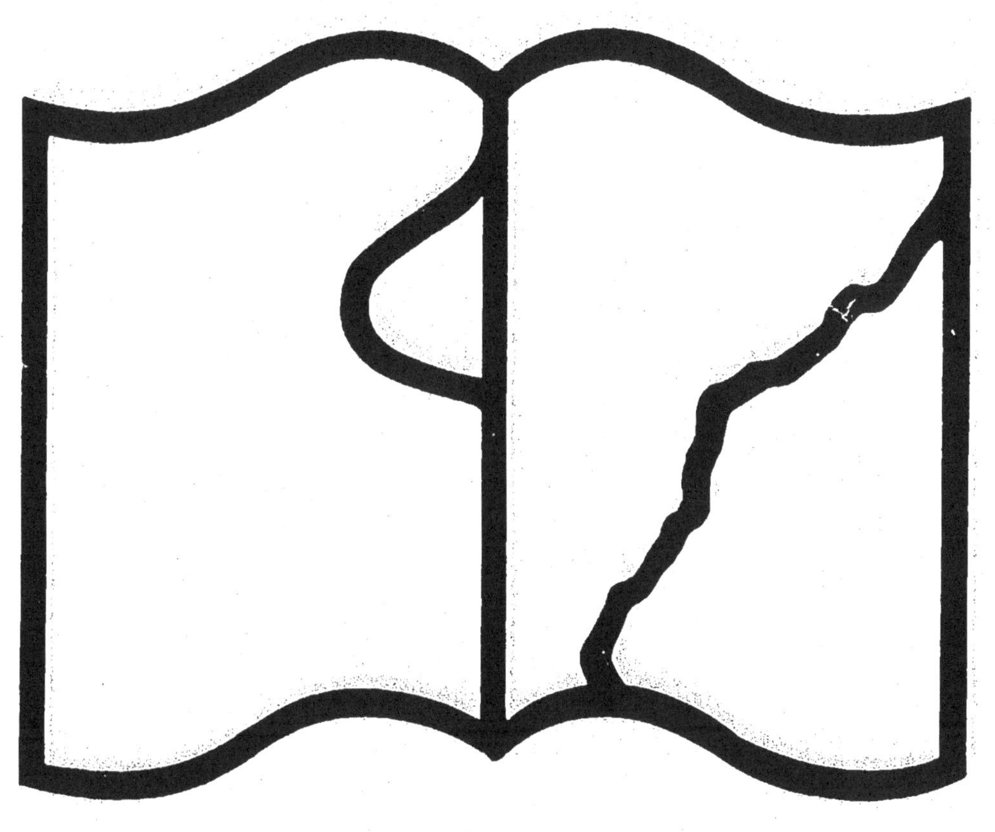

Texte détérioré — reliure défectueuse

**NF Z 43-120-11**

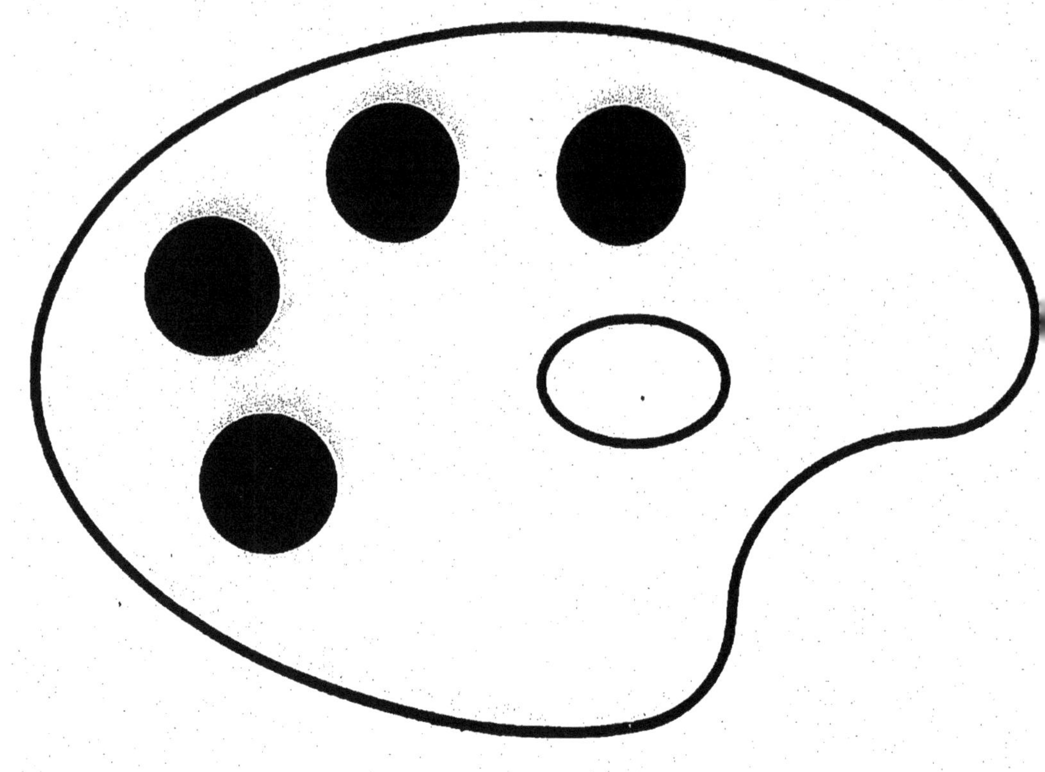

www.ingramcontent.com/pod-product-compliance
Ingram Content Group UK Ltd.
Pitfield, Milton Keynes, MK11 3LW, UK
UKHW021131230726
13926UKWH00002B/731

9 782014 438574